LONG STORY SHORT

长话短说

你需要的唯一一本讲故事指南

[美] 玛格特·雷特曼 著
冯小萱 译

中国友谊出版公司

图书在版编目（CIP）数据

长话短说 / (美) 玛格特·雷特曼著 ；冯小萱译
. -- 北京 ：中国友谊出版公司，2020.7
书名原文：Long Story Short
ISBN 978-7-5057-4934-4

Ⅰ. ①长… Ⅱ. ①玛… ②冯… Ⅲ. ①口才学－通俗读物 Ⅳ. ①H019-49

中国版本图书馆CIP数据核字(2020)第105227号

著作权合同登记号 图字：01-2020-2575

书名 长话短说
作者 [美] 玛格特·雷特曼
译者 冯小萱
出版 中国友谊出版公司
发行 中国友谊出版公司
经销 新华书店
印刷 唐山富达印务有限公司
规格 880×1230毫米 32开
9.75印张 162千字
版次 2020年9月第1版
印次 2020年9月第1次印刷
书号 ISBN 978-7-5057-4934-4
定价 45.00元
地址 北京市朝阳区西坝河南里17号楼
邮编 100028
电话 (010) 64678009

献给这些年来我所有勇敢的学生。

你们每天都在激励着我。

目录 contents

作者提示

看这本书的时候，你手头最好有个记事本、便笺或手提电脑什么的，以便你能随时根据书中的内容进行练习。我写这本书的目的，就是想激发你从此可以随时记下几个你自己的故事；你也可以不照我说的做，而是在我的书上涂鸦。这对于我来说没什么，我喜欢反对派，这些人倒常常可以成为讲故事的高手。

序言

让事实见鬼去吧！我们只需要故事！

—— 肯·克西，作家

我早年在纽约还是个有理想有抱负的女演员，那会儿我一个接一个地去试镜，并暗自希望不会因为我的发型、我的大粉刺，或是因为我选择看《黄金女孩》（*Golden Girls*）的重播却没有用心背台词，而将事情搞砸了。

为了糊口，我一直走马灯似的兼职两三份工作，经常是些令人恐怖的临时工，比如无须认证的代课教师和“我倦故我怨”的酒吧招待。一天，为了赶上最后一分钟的试镜机会，我不得不推掉了一天时薪十二美元的工作，还在用电卷发器时把自己的脖子烫伤了，那疤痕活像一个巨大的唇印。因为没法儿用化妆遮盖它，我也只好随它去了。因为真的觉得很难为情，所以一进屋，我就直接对选角导演说：“你是不是怀疑这个？噢，这不是唇印，是不小心让电卷发器烫着了，我倒希望是个唇印，可惜我近来不走桃花运。”于是选角导演就问我此话从何说起，我就把发生在我身上的一个灾难般的约会故事讲给他们听。故事大概是，如何在外面用完一顿清淡的素食大餐后，我约会的对象和我 AA 分账，我还眼瞅着他在饭桌上拿着他的支票本算账。这叫什么事儿啊！

没等我开始念台词，他们就已经笑得前仰后合了。于是不消数天，我就接了个电话，说我得到了那个角色。我兴奋异常地投入了工作，甚至没意识到是我的那个小故事帮我赢得了这个角色，而不是我的演技（而我又单身了一年）。

也是那会儿，我演了许多单口喜剧。我很幸运能经常被安排演出，但如今，我也会有强烈的愿望想取消这些演出。单口喜剧表演使我充满了焦虑，明显对我的身心都不怎么好。于是在一个晚上，在一个我没打算取消的单口喜剧演出现场，在最后一分钟，我决意把预先准备的全都抛到脑后，即兴讲述了我经历的一个真实的悲惨的爱情故事。这也许是由于当晚那点儿酒精给我的勇气（这晚喜剧演出提供免费饮品）。

与单口喜剧表演不同，我那晚的表演没有半分笑话的成分，我没有任何准备，也没有任何妙语，只是回顾了我的经历。那次经历当时对我而言简直就是一场大的灾难，但随着时间的推移，它已转化为一个相当可笑的故事了。这个故事的演出效果相当不错。说实在的，这个故事的确有点低俗和色情，但这不是它受欢迎的主要原因。它的成功是因为我这个主人公既真实又脆弱。

第一次冒险在台上讲故事之后，我设法得到了一个讲故事的节目。我之前甚至都不知道还有这么个节目。这个节目是在纽约正直公民旅剧院演出的《我们的生活之夜》（*The Night of Our Lives*），就在我写这篇文章的时候，它仍然是一个定期上演的节目。我讲了一个在社交场合讲了无数次的故事，一个关于我人生中最尴尬时刻的故事：我当着我高中啦啦队队长的面羞辱了自己。但是当我在舞台上把这个故事讲给大家听时，前五分钟听众一片死寂，我觉得我大概要遭受一次惨败。直到我意识到听众是在认真地聆听，这才让我有勇气继续讲下去。当我获得第一次笑声时，已经是五分半钟以后的事了，然而这却是我在舞台上获得的音量最大、持续时间最长的一次笑声。这是那种由笑声转为掌声，而后又转为笑声的笑声。这种反应是我在六年单口喜剧演出中一直追求却从未获得过的。成功来得如此突然，我急不可耐地预约了下一次的讲故事演出，可问题是那时没多少这类讲故事的节目，于是，我就在喜剧同事茱莉亚·罗兹的帮助下，创办了我自己的节目。由于我总是主动地涉及和男女约会相关的难题（我前面不是提到过我的爱情生活一塌糊涂吗？），我们决定让节目内容围绕着爱情、性和约会这几个主题，并取名叫《脱衣故事会》。我们发现“脱衣”这个词确实有点儿挑逗意味，没错，但它也预示着台上的故事会讲得绝对诚实。你会消除那些胡扯和闲聊，直达本质和要害。我们的处女秀演出票销售一空，甚至还剩下排了半个街区长队的人没有买到票。人们总是喜欢听别人讲故事，现在依然如此。到目前为止，我们的演出已经持续了八年之久，还进行了全国巡演，且丝毫没有要终止的迹象。

我天生就是块讲故事的料，这似乎再合适我不过了。我向我当时的经纪人解释，我考虑就此转行不再从事单口喜剧演出。我告诉他我实在不想讲笑话，我只想讲真实的故事。他跟我说那是条死胡同。他列举了许多单口喜剧演员，说他们尽管不想干这行，但人在江湖，身不由己，只有好好地接着干下去，才能成为有一定曝光度和知名度的演员或电视明星。我知道他的意思，但还想努力争取一下，于是问道：“讲故事就带不来那些吗？”他告诉我没人靠

“只讲故事”就能怎么着。我说：“那大卫·赛德里（David Sedaris）呢？他卖他的书，做巡回演出，讲他书里真实的故事，现在他已是一个家喻户晓的人物了。我想做下一个大卫·赛德里。”而我的经纪人却说：“抱歉，你只能继续做你的单口喜剧演员。”

不消说，我开始去见心理治疗师，与他谈了谈我想与单口喜剧“一刀两断”的问题（我与这个职业已经相伴六年了，我们俩相处得都不怎么愉快，并且我相信我们的关系以后也好不到哪里去），以及去冒险追求一个叫作“讲故事”的职业，而我连这个职业是否存在都还不太确定。经过与我经纪人长达一年的那种别扭的谈话，我们终于散伙了。随后一年，我与另一位经纪人签了约，就因为我是个会讲故事的人。讲故事已经成为受人才代理人欢迎而不会努力拒绝的职业了。而那位“新”经纪人还在，他现在是我的代理人。

去干能让你成功的，
而不是让你忍受的。

——佚名

尽管我现在距离成为“下一个大卫·赛德里”尚有相

当一段距离，但这没关系。重要的是我现在能追求我挚爱的艺术表现形式。这让我联想到一个问题：在向团队提出看起来荒唐可笑的想法时，有多少人都被否定掉了。比如："你把花生酱和巧克力掺在一起，还当作糖果来卖，你脑子进水了吗？要知道它们一甜一咸，掺在一起什么味呀？"①

我希望与人分享这门艺术，于是我就开始开班授课。起初，我不得不恳求四个人来听课。但是，在我的坚持下，不出一年工夫，我已经把课程开到了正直公民旅培训中心，在那里，我不仅开了个初级班，还有两个高级班。培训班的生意如此之好，海报贴出去没几分钟就爆满了。人们想要讲述他们自己的故事，并想学习讲故事的技巧。

我已经不住在纽约了，我现在是个加州女孩，但是我的教学实践却呈指数增长。我几乎是满世界地飞，去教别人如何讲故事。我的整个经历会让你感到厌烦，但是，这么说吧，只要是一提到教人讲故事，我就知道我在说什么。我接收过一些最差劲的、最糟糕的演讲人，并把他们训练成了讲故事的超级明星。我也可以把你变成那样。

说实在的，当我开始讲故事，把我的那些经历畅快地讲

① 在这本书的后面我会更多地提到锐滋的花生酱糖的巧妙，我保证。

出来时，我的人生都开始变得美好起来。我开始感到人与人之间的关系一下子真诚了许多，而不用靠虚张声势或胡扯闲聊来隐藏自己。自那以后，我结交了一大批思想开放、志同道合的朋友，尽可能和虚伪说拜拜。我找到了许多把讲故事变成工作机会的办法，比如写书和电影剧本、现场秀、写文章、授课、公众演讲，乃至企业培训。我还想指出，在我努力追求这些的时候，我没有金融储备，比如信托基金或者蜜糖老爹（Sugar Daddy）来依靠（谁真的有一位蜜糖老爹呢？）。我在追求讲故事这个事业的同时，还从事着多个谋生的工作（这些都不是我所擅长的），所以，我知道讲故事是任何人都可以涉足的。

随着我开始定期地讲故事，我的财务也大为改观，已经不再是个挨饿的艺术家，而是个有稳定工作的人了！（而且，我也结婚了。当然，这和讲故事没关系。但是我只是想让你们知道我的约会灾难终于结束了，免得你们为我担心。）

Q: 听着很棒呀，可你之前是个女演员和喜剧表演者，而我不是个演员，这对我适用吗？

A: 在商界同样有故事在上演。比如，史蒂夫·乔布斯在向消费者和媒体介绍产品时，就使用了许多讲故事的要领和技巧。

2007年在麦客世界上推出iPhone时，乔布斯就简明扼要地讲述了苹果公司的早期产品是如何改变世界的。这就成了他故事的开头。请注意，他并没有大谈特谈他是如何为了经济原因而从大学退学或如何白手起家，相反，他集中介绍了苹果公司的成就。

许多头一次讲故事的人往往脑子里会想起太多不必要的信息。比如，在讲一个糟糕的约会故事时，讲一下你约会的大致经历是必要的，但一定要超短。

例如，“我二十多岁时就已经有了十年的恋爱的经验，可当我三十岁时再被扔回恋爱的场景中，我却不知道我该做什么”这已经足够让听众愿意听下去了。

在史蒂夫·乔布斯的iPhone推介会上，他拿要推介的产品开了个玩笑。他给听众展示了一张图片，上面是一个苹果音乐播放器和一个旋转式拨号盘。他的笑话吸引了听众，并进一步被他引导到他这边，同时也清晰地描绘出他一直努力要做的事——对电话的全面革新。

当你讲故事时，如果不知道你想要讲什么——比如去见你的灵魂伴侣，或建立一个团队，或组建一个家庭——我们就不会对你的故事感兴趣，也不会为你叫好。所以，请向史蒂夫·乔布斯学习，告诉我们你到底想要讲什么！它甚至可以是一个愚蠢的或看起来无足轻重的愿望，比如“我就是想吃那角有软糖糖花的蛋糕”。

在史蒂夫·乔布斯的故事当中，他极其详细地介绍了讲故事时的视觉辅助，就像电影中的裸戏：太多了会适得其反。

他的新产品。他用的是外行人也能听懂的词语，所以我们都能明白 iPhone 是如何工作的。但是他了解他的听众——他有意地跳过了只有程序员才懂的专业术语。他的语言和表达能力使他能够和世界范围内的广大受众建立联系，而且他只有在必要时才使用视觉辅助，而不是把它当作拐棍。

在他的讲演接近尾声时，乔布斯的翻页笔出了问题，下一张幻灯片没有及时出现。你猜此时他做了什么？他讲了一个自己高中时好玩的故事来打发那段时间。你可以从他对这个故事的从容讲述看出来，他很可能已经在公众场合讲过几十遍了。我强烈建议你像乔布斯一样，有这样几个可以信手拈来的故事。

史蒂夫·乔布斯总结他的演讲时又回到了开头，详述了苹果公司这些年来的发明，并对公司未来的发展方向进行了展望。他既没有用说教式的结尾来打击我们，也没有让我们觉得我们早该学点什么来贬损我们的智商。他只是让他的演讲自己说话，你也应该这样。

乔布斯也许没说太多关于他个人的事，但当他这么做时，听众的反响是强烈的。有一次他说："我昨晚一夜没合眼，一直为今天而亢奋不已。"这是我们人人都会有的情感，这让乔布斯走下神坛，变得可爱起来，这正是他成功的一部分。

好了，朋友们，现在公布一个好消息。所有这些技巧，从故事结构到内容，到如何让一个故事难忘、连贯并引人入胜，都可以在这里学到。

Q：嗯，好吧……那到底什么是讲故事呢？我和我的朋友们在一起时也总是讲故事，那是一回事吗？

A：现场讲故事给听众听与在社交场合讲故事略有不同，但使用的技巧大致相同。无论是会场上同事之间，还是一个政治演说，抑或是一个喜剧表演，或是在你的会众面前，好的生动的故事都有一个套路。如果说我没法儿教你如何讲得有趣（这有点儿像乐感，你要么有，要么就没有），我倒是可以教你如何把故事讲得引人入胜，并用你的眼神让他们自己笑话自己。

我们每天都可以看到有人在讲故事，即使我们没意识到。有一些显而易见的例子，比如某人讲述了前一天晚上一个给人留下深刻印象的恐怖的约会，把办公室的同事们逗得哄堂大笑。我们也能在每天晚上的脱口秀节目中看到讲故事，比如嘉宾叙述其近来的一段经历，或主持人向作者提问是什么激发了她小说的创作灵感等等。

因此，让我们明确到底什么是讲故事：

· **讲故事就是对你生活中一次真实经历的叙述，它有开始，有过程，有结尾。**它可以是一些大事，比如你决定戒酒的当口；也可能是琐碎小事，比如你喜爱的百老汇演出毁在了一位一直在你旁边说个没完的亲戚手中（我亲身经历过）。你故事的大小并不重要，重要的是你受到了影响。

还有一些指标可以用来定义哪些不是讲故事：

· **讲故事不是大声抱怨。**给你的听众唠叨十分钟马丁·斯科塞斯[①]最新的片子如何烂不是一个好故事。相反，告诉我们你和女朋友分手了，为了不去想分手的事，你去看了

① 马丁·斯科塞斯（Martin Scorsese），美国导演，编剧。代表作有《出租车司机》《愤怒的公牛》《无间行者》等。——译者注

马丁·斯科塞斯最新的片子，发现影片中每一个瞬间都刚好指出你和女朋友之间的问题出在哪儿，这倒是一个故事。你对电影的个人感受就是一个故事。

· **尽管讲故事确实有一定疗效，但它不是治疗**。这很重要。请记住！讲故事只是一种消遣，任何人都不要用讲故事来取代专业的治疗和帮助。“我刚向我的讨厌鬼丈夫提出离婚，让我告诉你他是个多么令人恶心的家伙吧。”这不是一个故事。而五年以后，讲讲你意识到你想要离婚时候的事，那也许是个故事。这都取决于你的思考方法和你故事的结构。

· **讲故事不是政治宣言的替代品**。假如你的听众期待听到你的亲身经历，而你却大谈占领华尔街的重要性，那这就是一个政治演说，而不是故事。现在，如果讲述者叙述了发生在占领华尔街运动期间的一天晚上露营时的事，并且这个经历有潜藏的信息，那就是另一回事了。

· **讲故事不是单口喜剧表演**。讲故事时你确实可能让人发笑，但你不能偷偷把一些事先准备好的笑话硬塞在里面。如果你这么干，你的故事听起来就不那么真诚了。让故事自己去说吧，如果故事最终有笑声，就当是蛋糕上的糖衣——锦上添花吧。记着给我留一角带糖花的蛋糕！

如果你知道在现场直播讲故事这行中，有多少你认识和没想到的面孔涉足其中，你一定会感到惊讶。美国著名黑人说唱乐队 Run DMC 的丹伊尔·麦克丹尼（Darryl “DMC” McDaniels），作家马尔科姆·格拉德维尔（Malcolm Gladwell），政治讽刺作家安迪·波罗维茨（Andy Borowitz），《顶级大厨》评委盖尔·西蒙斯（Gail Simmons），性咨询专栏作家丹·萨维吉（Dan Savage），以及喜剧演员路易 CK（Louis CK），这些只是其中一小部分，他们都有非常精彩的故事讲述作品，你可以在网上检索到。

那么，你为什么要读这本书呢？

- 你是否必须准备一场商业推介会呢？
- 你是否准备去参加一次面试呢？
- 你有登台讲故事的渴望吗？
- 你是否必须在某人的婚礼或葬礼上致辞呢？
- 你正在谈恋爱吗？

我认为这些问题可以涵盖每个人了。你是否参加过这样一个婚礼：婚礼致辞拖沓冗长，让在场的大多数人都不知所云？你可别成为那个人。让我来告诉你所有讲故事的技巧，帮你去讲好那些甚至连你自己都没有意识到的好故事。

第一部分

part1

准备开始

第一章

你已经有了精彩的故事

生活中的大多数事件
都可以分成两类：
一段好时光，或一个好故事。

—— 佚名

我一直把这段话挂在我书桌的上方。我很想知道它的出处，尽管我在谷歌上狂搜了一通，可还是没什么头绪。但无论如何我知道它定义了我生活的主题。

你的脑子已经塞满了许多让人惊叹的故事，为此甚至值得“扔掉麦克风”，你要做的只是把它们说出来而已。

Q: 我怎样才能把我那些令人难以置信、感人至深、引人入胜的故事讲给别人听呢？我没进过讲故事培训班，我自己也不是那么有趣。刚开始第一章，我就已经不耐烦了。这可怎么办呢？

A: 没关系，是这么回事。你已经对你自身的经历麻木了，那是你的生活，你每天都那样，对你来说实在太没意思了。其实，你的生活一点儿都不枯燥，相反，还挺吸引人呢。

曾有个学生这样对我说：“我不知道我有什么独特的地方。我当了十年兵，现在和我丈夫一起住在洛杉矶。我想成为一名演员，就这些。”你完全可以试着想一想，你为什么参军？你那会儿多大？当你在某处的战壕里时，可曾意识到你想成为一名演员？那些古怪的洛杉矶女演员是否让你很讨厌，因为你有部队的纪律？你和你丈夫是在军队相识的吗？

讲你的故事

想想人们老想打听你什么，别人最关心你生活的哪方面？

比如，和许多人一样，我有个儿子，很多人都有儿子。为人父母没什么特别的，可大家总是问我如何在孩子和工作之间保持平衡。事实上，我没有保持平衡。我总是莫名其妙地情绪崩溃。比如有一天，当我正在为狄巴克·乔布拉的 YouTube 频道录制一个直播视频节目时，我那四个月大的儿子突然间歇斯底里起来，让我只好半途停止直播采访。“我怎么就不能做完？！”我歇斯底里地喊叫着。然而，这之后我还是成功地安抚了我的儿子，再涂上一层新的艳粉色口红，五分钟后又重新加入了采访。这整个故事，再加上那些直播镜头，给人们讲了我如何尽量兼顾自己的事业和母亲的角色。当我最近一次在台上讲这个故事的时候，我被听众的掌声和笑声打断了好几次。

这并不是因为作为一个母亲很有趣，有趣的是我作为母亲也有脆弱的一面。

告诉大家
每天发生
在你身上
的那些脆
弱的时刻
几乎总会
成功

讲你的故事

这里有一个快速的方法可以证明你已经怀揣着这样一些故事。用实话填写下面的空，直到你没词为止。

我是 ______。

一开始，你的回答可能是很基本的。对我来说，我的第一反应是：

我是一个金发女郎。
我是个左撇子。
我个子很高。

很枯燥，是不是？
然而，我越是接着往下写，我的回答就变得越有意思。

我之前是个抑郁症患者。
我痴迷游戏节目。
我是个微金属乐队的超级粉丝。

好了，现在事情开始变得有意思了。我上面说的每个事实都伴随着一个很棒的故事。有一段趣闻逸事可以证明上述表述都是真实无误的。

当你穷尽了“我是 ______”的表述后，在那些有着相应的趣闻逸事的表述旁简单记录几笔，就转到第二部分吧。

我曾 ______。

可能会发生与前面一样的事。你也会从一些基本的东西开始。但得到的答案会比你看到这个问题时的第一反应要多。比如，我在课堂上多次得到这样的回答：“我曾经很害怕。”我总是问：“你曾害怕什么？”答案常常就是一个很棒的故事。好好想想你为什么那样回答这个问题。如果你怕怪物，那么整个故事是什么，又来源于哪里？拿我来说，在我还是个小孩的时候，我害怕洗澡的时候被外星人袭击。这源于一部叫作《茧》（*Cocoon*）的影片。我观看这部影片时还太小，而我父母认为应该让我接触各类电影，以使我显得更有文化教养，却没有考虑那部电影是否适合那个年龄段的孩子——哦，等等，这不就快成一个故事了吗？

趣闻逸事
是颗种子，
可以成长

为十足的
“有血有肉”的
故事。

如果还有疑问，那就再

深入挖掘一下

你只管在“我曾 ______”的空格内填写你曾经做过的各种稀奇古怪的职业。答案往往非常有趣。比如，“我曾是个草莓包装工”；“我曾是个塑料衣架的生产总管”；“我曾是个跳艳舞的”。这些答案会带来非常精彩的故事。因此，在“我曾 ______”的空格里面尽可能多地填写你能想到的以前做过的工作，即使那工作你只干了一天。

这个练习的最后部分是：

______ 是我的生活中的故事。

别把心思花在使这个陈述复杂起来上，这里没有对错之分，所以，尽快写下来。

在逆境中求生是我生活中的故事。
重要日子起了粉刺这样尴尬的事情是我生活中的故事。
为自己开辟道路是我生活中的故事。

有一次，我的一个学生这样回答这个问题：“‘只是朋友’是我生活中的一个故事。”我停止了学生的分组口头练习，让他来详细谈谈。于是，他讲了他是如何把每个喜欢的女孩都变成自己朋友的事。

找出你生活中反复出现的主题，然后寻找极端的事例。

我让他说说这里面他碰到的最极端的故事。于是，在他结束即兴举例描述之际，我笑得差点儿从椅子上掉下来。

一些成功的艺术家已经找到了一个可以反复出现的主题，并且把基于它的各种版本的故事讲了一遍又一遍，获得巨大成功。拉里·戴维通过《宋飞传》（*Seinfeld*）中的乔治（以他自己为原型）和《抑制热情》（*Curb Your Enthusiasm*）中的拉里说出了你绝不会说的话。碧昂斯用各种方法唱出了一个坚强的、独立的女性形象。萨拉·沃威尔在《絮叨的船友》（*The Wordy Shipmates*）《陌生的鱼》（*Unfamiliar Fishes*）和《暗杀假期》（*Assassination Vacation*）里通过塑造一个愚蠢的历史迷来阐述自己的观点。乔治亚·欧姬芙画了足够多的花来布满整个博物馆的展览。

讲你的故事

拿笔把你的十个奇事、趣事写下来吧。

一个简单的清单应该这样开始：

只和愚蠢的人竞争
难以置信的面包师
懒惰的支持者

现在，来看看你的清单。有没有故事来解释这些趣事呢？你最在乎的最愚蠢的竞争是什么呢？什么使你成了一个难以置信的面包师？当一个企业需要你的帮助时，你本可以给他们很大的帮助，但你却表现得很懒散，不那么积极，那你都做了什么？此时此刻，你应该文思泉涌了。

我们每个人都有
发生在自己身上的最疯狂的事，
但最好的故事往往来自我们的日常生活。

下次当你质疑自己是否有足够有趣的故事来讲时，请记住这一点！

"满世界令人厌烦的该死的人们
繁衍出更多令人厌烦的该死的人们。
多么令人惊恐的表演啊！
整个地球都满是这些。"
——查尔斯·布可夫斯基，《果肉》

不要隐藏
你的趣事——
仔细地 **观察**
它们。
也许它们是成
就一个伟大
故事的关键。

一份创造有趣故事的秘诀

第一步：不要令人厌倦

Q：我已经令人厌倦了吗？再没有什么有趣的事发生在我身上了！

A：通常，你最好的故事还尚未在生活中出现。但是，让我们评价一下现在的情况。我打赌，你年轻的时候会冒更多的险。你经常出去，这就更容易形成有趣的故事。也许你过去单身，这就有许多好玩的约会故事和情爱故事，而现在你已经结婚了。又或者你那会儿刚刚为人父母，而现在你的孩子已经长大。你还要怎样讲另一个有趣的故事呢？也许你曾经住在纽约，在那儿总有很多令人吃惊的事发生，但是你现在住在郊区，过着可以预见的生活。一旦你已经讲完了你疯狂的过去，那些新的故事材料从哪儿来呢？

第二步：为故事而活

我不是任何意义上的自助导师。所以如果这本书有一点点自助的性质，那我道歉。

但是，要想成为一个伟大的故事家，你必须开始重新对可怕的事情说“是”。去参加一场完全是陌生人参加的聚会，去参加你的高中同学聚会。当情况变得有点奇怪时，只要你不使自己处于危险当中，试着投入到疯狂中去，而不是逃避。当你碰到过去认识的某个人，也许这个人曾经伤过你的心，不要藏起来。对可怕的事情说“是”！说“嗨”！看看会发生什么事。不要使自己陷入单调乏味的生活当中，毫无趣味可言。为了创作更多故事，你必须迎接新的经历。

当然，有一次我去美甲，结果从那里得到了一个非常好的故事。我与美甲师发生了争论，当我离开美甲店时，她说：“你这人真可怕。我诅咒你！”是的，一个小时以后，我受诅咒的美甲开始剥落——所有的指甲同时——我就知道我的手上有了一个好故事（这是一个精彩的双关语）。

但是这个情景实际上是一次例外。在那个情景下我是被动的，而我的故事里99%都是我主动的。这就把我带到了下一步。

第三步：不要等着事情发生，要主动让它们发生

我最喜欢讲的故事是关于主动选择的。比如，我现在的丈夫在和我约会八个月后向我求婚，我同意了。

当事情变得
奇怪时，
那就让它
变得
疯狂吧。

或者在十三岁那年我是如何在马背上度过了整个暑假，尽管我对马没有一点儿兴趣。

随着我们年龄越来越大，我们开始觉得生活很舒适：坐在家里的沙发上，看着同一个电视节目，每天走同一条路去上班，在一个单位一做就是好几年。想想有多少更有趣的故事发生在你的房子或公寓之外，又有多少发生在你现在所居住的城镇或城市以外的地方？

人们总是对我说："那些疯狂的事情只发生在你身上！"也许确实如此。但我觉得最主要的原因是，很多别人说"不"的时候，我说了"好的"。通常当我们和一个新朋友或陌生人的交谈开始变得怪异的时候，我们的第一反应是赶紧逃跑。也许他们分享了太多的东西，也许你宁愿在一款照片分享的软件上翻看馅饼图片。无论是什么情况，我的理论是：只要我觉得安全，我就会使这次交谈继续。

许多好故事都来自与陌生人分享的激情时刻。不可能的联系催生出美丽的故事。这就是为什么人们总迷恋于因特网上的那些图片，在图片中河马和小猫成了一辈子的好朋友（或者是在你的动态消息中不断看见的那些不太可能成为朋友的动物们）。所以，当有人试图和你联系时，和他联系吧。

但是要事先准备好一个退出的预案，以防事情变得太离谱使你无法接受。如果你感觉到危险，赶紧退出。没有故事值得冒险！

我鼓励我每个班的学生打破常规，让他们偏离他们的日常生活，勇敢地面对那些搅乱他们生活的事情，做一些舒适圈以外的事情。如果有人进来跟我说“为了偏离我的日常生活，我这星期看了一部DVD，而没有在网飞（Netflix）①上在线观看”，或者说“我用了台式机而不是笔记本电脑”，或诸如此类的事情，我会很恼怒。为什么不更大胆一点？我曾经有一个学生大胆地尝试了文身（虽然我相信他无论如何都会去文身的，他只是在寻找一个好的借口）。但是我发现，如果一个人给自己提出了一个纯个人的挑战，那往往是一个最好的故事。一个学生给自己的挑战是独自去酒吧但不与任何人交谈；而另一个学生给自己的挑战是独自去酒吧找个人交谈。两人都从中得到了好故事。所以，勇敢点儿！做一些能吓到自己的事。不要逃避生活，否则你将没有故事可讲。

我要过一种可以
讲故事的生活

——斯波尔丁·格雷，
独角戏演员

① Netflix 是一家美国公司，在美国、加拿大提供互联网随选流媒体播放，定制 DVD、蓝光光碟在线出租业务。——译者注

永远不要
为了一个好
故事而使
自己置身于
危险
当中

创造更多故事的简单办法：

1. 旅行。

2. 改变你每天的上班路线——坐公共汽车，与一个有趣的古怪的同事拼车，或者走路上班。

3. 如果你受到邀请，尽可能多地接受。

4. 如果你单身，与一个不太可能的人出去约会。

5. 如果你已经有对象了，说服你的对象去做某些冒险的事。

6. 在聚会时别远离古怪的人；与他 / 她交谈。

7. 尝试一种新的方法锻炼——确保那是你从来没想过会去做的事。

Q: 建议我尝试这些创造故事的方法，好像不那么真诚，就像是我正在创造一些时机，目的就是要有故事来讲。我不想在讲故事时作弊。这不是欺骗吗？

A: 你认为伊丽莎白 · 吉尔伯特如果没有进行主动的选择并在她的生活中创造值得讲故事的时刻，她能写出她的畅销书《美食、祈祷和爱》（*Eat*，*Pray*，*Love*）吗？如果她坐在沙发上，一边为她婚姻的结束而哭泣，一边吃着芝士条，看着《我的梦幻婚纱》（*Say Yes to the Dress*）的重播，那这本书永远也写不出来。

你知道吗，披头士乐队在他们去印度学习超验冥想期间写下了三十到五十首歌。像《黑鸟》（*Blackbird*），《自然母亲的儿子》(*Mother Nature's Son*)和《革命》(*Revolution*)这样的经典歌曲会是在乐至宝椅子上写成的吗？我们并不会因为他们做了一些积极主动的事情来得到启发而评判他们。没有什么理由让你不能做同样的事情！而且，你永远不知道一次非常规的经历会引起什么疯狂的记忆（和伟大的故事）。

有意地做一些疯狂的事来创造出一个故事，主动地对一些新的经历敞开大门，这些经历可能会也可能不会启发你获得一个故事，这两者是有区别的。我还没有听到过一个好故事，讲一个人去上班，回到家坐在他们的 DVR 前吃晚饭。然而这就是我们当中许多人的生活。

我是《天桥骄子》（*Project Runway*）电视节目的超级粉丝。在这档节目每一集的挑战里，时装设计师要在时间、主题和材料的限制下，比赛创作出一种服装。主持人蒂姆·古恩经常带这些设计师到博物馆、公园或地标性建筑去寻找灵感。如果他们不花时间沉浸在一个不寻常的场景之中的话，很多设计师都不会想出那些如此绝妙的创意。

这是欺骗吗？或者说是启发？我不是服装设计师，但是我想，坐在沙发上想出创新性的服装概念要难得多啊。

看看你周围！看看窗外。
出去散散步，去看场电影。
去参观博物馆，去看一场演出。读一本书。
去图书馆。乘坐一次环岛渡轮。
来一次交谈。

——蒂姆·古恩，《古恩的黄金法则：能让生活发挥作用的小经验》①

① 引自《如果它折磨你你就得到启发》一章——值得看一看，因为它适用于所有艺术形式。

第二章

摆脱恐惧

我们最害怕的事在于我们的期待。

——唐·德雷帕
《广告狂人》

我们最不幸的事永远不会发生，
大多数不幸的事在于我们的期待。

——奥诺雷·德·巴尔扎克，小说家

如果我不得不挑选一段喜欢的话，那就是这个了。上述两段话我都喜欢。唐·德雷帕的话更口语化，当我努力鼓励一个朋友去冒险时，我就会用他的话。巴尔扎克的话更有说服力，更可能击中要害。

但是这两段话都能极好地应用于现场讲故事。许多人因为害怕，所以从来没有尝试过现场讲故事或公开演讲。

下面是在我教过的所有班里都能听到的一些恐惧情绪：

Q：我的写作太烂了。要想成为一个擅长讲故事的人，我必须成为一位好作家吗？

A：既是一个擅长讲故事的人又是一位好作家当然对你不坏，但我不认为这会助你一臂之力。是的，在讲故事当中，你最终会动手把自己的故事以一种非正式的方式写下来，除了你，没别人看[①]。但是在你考虑把故事写下来之前，有许多有趣的观点要去理解和探索。你应该将精力集中在过程上，没必要担心写作的事。如果时机成熟了，你会拥有很多可利用的条件，来提高你的写作能力。[②]

① 关于这一点，请参看第十五章。

② 为舞台写一个故事可不是你要发表的故事，所以你可以准确地写下你要怎么说，可以有俚语和只有你才说的私人用语。把要讲的故事写下来，跟给杂志、网页、报纸或书籍写文章不同，这需要全然不同的技巧。幸运的是，为舞台写作要容易得多！

Q: 如果我的故事传到了另一个人的耳朵里，怎么办？

A: 啊，那是个大问题。我经常听人说害怕遇到这种情况。所以，听清楚，是你决定你的故事在哪里直播。如果你只想让它在舞台上直播，那就别签署允许他们在播客（podcast）上发布的协议，也别允许他们录制后放到 YouTube 上。

如果你不想让四年级的老师听到你讲你多么恨四年级的故事，那你就别邀请他 / 她去看你的演出，也别在你四年级老师居住的地区演出时讲那个故事。

讲故事时要做到问心无愧

要聪明地设置你故事里的角色。改改名字，改改能认出的特征，甚至是性别。但是你的故事不应该永远只说你大学时的男朋友是一个渣男。我们在生活中常常表现得不那么完美，你不愿意有人讲故事时说你曾经是个混蛋，对吧？如果你当时不在场，不能为自己辩护，那将更让你生气。与其向别人诉说你大学时的男朋友是一个渣男，不如说当时和他在一起你有多傻。

记住：你才是故事的主角

这个想法很酷，是吧？你的故事都是关于自己的。即使整个故事只是关于你过去的一段关系——不管是工作关系，创造性的合作，还是一段恋情以及家庭关系——要确保你的故事以自己为中心。

例如，我确实有一个关于我大学时的男朋友的故事。我们刚开始谈恋爱时，他在入睡前会在床上翻个身，轻声低语道："晚安，戴安娜。"（也许有些人已经忘了，我叫玛格特。）于是我问他："你刚才说什么？"他清楚地重复道："晚安，戴安娜。"

很混蛋，是吧？其实也不尽然。我当时没有离开他也够傻的。我怎么没在雪中独自走回我的宿舍啊？我应该和一个至少知道我名字的人在一起吧。我就这样和这个人又相处了两年，直到我吃惊地发现他在骗我，我真是个笨蛋！要知道，我们在一起的第一个月他就用别的女人的名字称呼我。

现在这个故事是关于我的心路历程，关于我那个时候是什么样的人（一个天真的大一新生）和我那可笑的明显的（和存心的）无知。我已经改了我前任男友的名字、我在学校的时间和他的专业来保护他的身份不至于暴露。我能问心无愧地讲述一个记忆中真实的故事。

事实上，关于这件事，我还有一个有趣的故事。我曾经准备拿这件事做一个现场表演，然而就在我上台之前，我发现观众中有一个大学同学，他与那个说“晚安，戴安娜”的男人是非常好的朋友——他们是同一届的，而且是同一专业。我想，哦，不，这太不方便了。因为我的故事除了在名字和专业上做了一点儿小的改变以外全是真的。于是我仍然照事先准备好的讲了这个故事。然后，那个大学同学找到我，和我聊了起来。他说：“我喜欢你的故事，因为我和你一起上的学，所以我特别了解你所提到的事。但是，你能告诉我你说的是谁吗？”我很吃惊，说：“你是说你不知道我说的是谁？”那个同学说：“我是学戏剧的。艺术系的人我一个都不认识。”

我简直不敢相信，仅仅修改故事的一个小细节，我就完全掩盖了前男友的身份，甚至连他的朋友都没认出是他。我的第一反应是，哇，那个“晚安，戴安娜”整个大学期间都在和我谈恋爱，而他的朋友居然忘了，这真奇怪。然后，我忽然有了第二个想法，那就是：哦，他不记得是因为他有自己的生活，而他回想的最后一件事是玛格特·雷特曼1999年在和谁约会。我记得这个故事是因为这是我生活中一件重要的事，但是别人并不在意。

他们都只想着自己的生活。自大学以来，我的这个同学结过婚，也离过婚。我确信他经历过一大堆对于自己来说很重要的事情，这使得他的脑子里不会为他那位老同学留下一点儿空间。

我也经历过许多令讲故事的人最恐惧的时刻——被当场抓住——但因为我尊重故事里的另一方，所以没有人受到伤害。而且，我一直在讲故事，满世界地讲，但是我用一只手就能数出有多少次类似的事情发生在我身上。

讲故事不是要抨击别人；
而是要勇敢地分享你的故事
并且使别人对他们自己的生活感到更好受。

别让你的听众有这样的感觉：哇，他 / 她也经历过这件事，而他 / 她正站在那儿觉得它很好笑，是吗？我做得没有那么差啊！

我记得有一次听大卫·赛德里《圣诞老人日记》（*Santaland Diaries*）的原始录音，讲了他为梅西百货做节日精灵全职工作时的经历，是那么滑稽、那么出名。那时我三十二岁。听了他的故事，我感觉好极了。

我想，大卫·赛德里——这个出版了九本书、美国幽默瑟伯奖得主，他的演出门票总是销售一空，还写过很多《纽约时报》畅销书的人——如果他曾在三十三岁做过小精灵，与他相比，我现在已经做得很好了。另外，值得一提的是，我当时在洛杉矶已经度过了相当长的一段时间，但还不知道怎么振作起来，那天我感觉非常低迷。赛德里在一个讲故事人能做到的最重要的事情上成功了——他通过分享自己的不幸，使得他的听众（在这个例子上，那个听众就是我）对自己的生活感到满意。

> 我下周三中午有一个约会。
> 我是一个三十三岁的人了，
> 还要申请一份扮演小精灵的工作。
>
> ——大卫·赛德里，
> 《圣诞老人日记》

事实上，你的故事不太可能传到故事中的其他人的耳朵里，特别是当你刚开始讲故事时。我总是对我班上的学生说：“我十分怀疑你那位堪萨斯大学刻薄的教授会在你的第一次表演中露面，虽然你的表演很可能会被安排在某个周一晚上六点半，而且还是在纽约一家超市下面的剧院里。”

这是不太可能发生的。同样不太可能的是，你因分享了与今天瑜伽课上的那套动作有关的个人经历，而得罪你瑜伽课上的所有人。你曾有位可怕的老板，是他/她启发了你开始自己做生意并成为自己的老板。你在一次小业主的会议上讲了有关他/她的故事，却担心这个故事会传到他/她耳朵里，但这种几率也不大。这都是一些过分猜忌的想法。引用一下奇想乐队（The Kinks）的话：“疑神疑鬼会毁了你。”

> 对我来说，在我独自一人时
> 书籍永远能减轻我的孤独感。①
> ——乔纳森·艾梅斯，
> 作家和HBO的《无聊到死》的创作者

有趣的是：大卫·赛德里从来没被起诉过

我认为没有哪个活着的人的真实故事比大卫·赛德里的故事更受欢迎。而且没人曾经起诉过他。所以，冷静点！记住：我们最害怕的事在于期待，或者诸如此类的。

我就是一个鲜活的证据。我有一份包含了大约七十五个故事的清单。我已经出版了一本书，讲我自己的故事。在这点上，我这几年已经在成千上万人面前讲过故事了。我的故事也在最大的、超过一百万用户的讲故事播客和国家公共广播电台上播放过。有趣的是，我在舞台上讲故事时从来不会让故事里的真实人物出现在观众当中。所以不要让害怕打

① 我相信这句话同样适用于看或听故事表演。

官司成为你讲故事的障碍。这是一个不太可能实现的设想。两次——在我的整个事业中也只有两次——有人来找我，说我讲的故事涉及到了他或她。涉及我童年时的朋友“阿曼达”的故事在国家公共广播电台播放，并在 YouTube 上获得了过万的点击量后（所以这比在舞台上当着一小拨人讲故事的影响要大得多），“阿曼达”给我写了一封电子邮件。她写道：“我刚刚在收音机上听你讲了一个故事，我想我就是那个阿曼达！我记得那件事——太有趣了！”

> 恐惧是……一种无心的讲述，
> 这种讲述是我们与生俱来的能力。
> ——凯伦·汤普森·沃克
> 小说家，选自她在 TED 上的演讲《恐惧能教会我们什么》

因为我讲的是自己的心路历程，而不是阿曼达的，她当然不反对，而且，我讲的也是事实。

另一个传给当事人的故事是关于我前男友的黑色幽默故事，其实我和他现在相处得很好。据说，他当时在一次商业会议上遇到了我的一个同事。我的同事不知怎么发现他们俩都认识我。我的同事听我讲过一个故事，当她发现那个故事的主角正是我的前任时，她就给他讲了那个故事。

我的前任后来联系我，告诉我发生的事时，我问他："那个故事毁了你们的会面吗？""没有，"他说，"完全没有。""那人后来和你做生意了吗？"他说做了。于是我又问："你们觉得这个故事好笑吗？"他说是的，他也没生气。事实上，这个故事迅速把我的前任和我的同事密切联系在了一起，而且他们现在还在一起做生意。因为我讲的故事都是真实的，我问心无愧。

看，我的故事已经传到了当事人的耳朵里，我也没事。没人受到伤害！

摆脱"妈妈会发现我的日记还会读它"的综合征。

为了完全表达自己，假装你故事里的老板、前任、朋友等都死了。这可能听起来很残酷，但这是你能够自由地讲述故事的唯一方法。你总是能在这之后把故事讲得含蓄一些。如果你一开始就限制自己，那你哪儿都去不了。

Q: 我年龄已经太大了，不能尝试新东西了。也许我不应该去想这件事了。这对我来说太晚了，是吧？

A: 错！错！错！讲故事与跳芭蕾、体育运动、做模特以及演戏不一样，年龄甚至可以是一个优势。

年龄越大，你得到的故事越多，因为你身边已经发生了很多事。你很可能已经心碎了好几次，在好几个地方生活过，到很多地方旅游过，总之，就是经历了很多。

更好的是，你将拥有那种能够轻松、幽默地谈论过去经历的态度（这一点将在第八章提到）。

我最喜欢的一个学生是在他六十几岁时才开始讲故事的。他曾经讲过一个故事，说他在电梯中遇到了阿尔伯特·爱因斯坦。整个班级都震惊了。几个月以后，这个学生突然在火车上去世了，他是要去参加一个讲故事作家的聚会。我们为失去他而感到悲恸，但却对他心存感激，因为他勇敢地尝试了新事物并把他一生的故事分享给了大家。如果他遇见阿尔伯特·爱因斯坦的故事随着他一起离世，那将是一个真正的悲剧。现在这个故事将和我们这些听故事的人一起活下去。

Q：怎么会有人在乎我的生活呢？在任何方面我都不出名，也不杰出。

A：只要你的生活以某种方式与他们自身的生活相关，人们就会在乎你的生活。如果你使故事保持普遍性，你就会有听众。千万别随大溜认为自己是个无趣的人。

不要害怕自己一点儿都不酷。

我也看到过听众在现场转身离去。这通常发生在讲故事的人害怕摘下他们的面具来讲真故事时。认为你必须要表现得很酷可能是来自更为人熟知的单口喜剧世界的错误观念。在讲故事时，笑话是自然而然地来自对已发生事情的简单回忆。一个油嘴滑舌、耍酷的讲故事人要冒着成为不靠谱的叙述者而被轰下来的危险，因为他只是为了讲个笑话。所以，不要担心笑料。它们会自然而然地出现。如果它们根本没有出现，那也没什么。不是所有的故事都好笑。

如果你没有对自己生活中的某一点而感到绝望，你就不是一个有趣的人。

——金·凯瑞，喜剧演员

通常在表演一个单口喜剧时，观众中总有一种敌对的情绪，交叉着双臂，抱着一种“来吧，看你怎么让我发笑”的态度。然而，在讲故事时，观众希望你能成功，他们从不挑战你。如果你在舞台上讲故事，你很有可能会给一大拨听国家公共广播电台、读《纽约人》、喜欢艾拉·格拉斯[1]的人讲故事。这些人是来听你讲故事的，即使你还没有发光发热。你越真实地讲述你的生活经历，他们就越喜欢你。

> 如果你在那一刻没有经历可讲，
> 如果你用笑话把你的经历敷衍过去或一带而过，
> 你留给人家的印象将是毫无感情的。
> ——大卫·拉科夫，《骗子》

想想那些脱口秀嘉宾。我最近看到一位知名的电影明星接受电视采访。对于他被问到的每一个问题，他总是说“每件事都棒极了，我的生活棒极了”之类的话。他说的话没有任何实质内容，而且……我不相信他。到采访结束的时候，我甚至不喜欢他了。这个演员害怕表现得真实，那次采访没有产生预期的效果。几天以后，我又看了一个采访情景喜剧明星帕翠西亚·希顿的节目。她讲述了那几

① 艾拉·格拉斯（Ira Glass），美国作家、制作人、讲故事人、演员，他的节目《这个美国人的生活》为非虚构类广播节目建立了一个当代标准，并影响、启发了不可计数的人拿起麦克风，在播客上进行各自的尝试。——译者注

年录制《人人都爱雷蒙德》(*Everyboby Loves Raymond*)的经历，她整天都在录制，然后回到家里，做更多的工作，还要照看四个儿子。她说她最小的儿子上床后，她会抓过酒瓶“咚，咚，咚”地喝下去。在那一刻，她承认她努力想拥有一切，她承认她也是个人，就像我们大家一样——事实上，就像我，一个职业母亲，很多日子都是以一大杯酒（或者好几大杯酒）来结束的（而我只有一个儿子！）。虽然她承认她不那么完美，却得到了我的支持。

讲你的故事

试试下面这个填空练习，来帮助你开始毫无恐惧地讲故事。用我所谓的“故事地带”里的话来回答这些问题——不要那些不大会错的以至于会使我们厌烦的话，也不要那些你只讲给治疗师听的私密的东西。不要过分考虑，也不要列出一系列答案。相反，做出一个坚定的选择，然后就不变了。不要被“秘密地”这个词所困扰，你不用真的写下一个秘密，只要是我们可能会觉得吃惊的东西就可以。要诚实。

我这一生一直被__________所困扰。

无论我去哪儿，我都__________。

我偷偷地爱着__________。

我偷偷地恨着__________。

下面是我过去对这几个问题的简单回答，它们启发了我，使我有了几个非常好的故事。

我上大学时剪了一个非常难看的发型，我这一生都被它所困扰。

无论我去哪儿，我都计划逃跑以防备僵尸来袭。

我偷偷地爱着我邻居的丈夫。

我偷偷地恨自己是个女孩儿。

害怕是非常自然的事；
它存在于我们每个人身上。
但任何人都会讲故事。
甚至穴居人都会。

第三章

真实

永远不要让事实成为一个好故事的障碍。

—— 出处不明

（通常被认为是马克·吐温或欧内斯特·海明威）

我不同意！即使确实是马克·吐温或欧内斯特·海明威说的这句话，但他们是虚构文学作家。他们没有讲他们生活中真实的故事。我愿意将这段话重新演绎成：你的故事只有是真实的，才有最强大的感染力。

我过去为了挣点外快曾经在纽约正直公民旅剧院做酒吧招待。那时候酒吧还卖 T 恤、打火机和其他一些商品，也包括书。那本由夏娜·哈尔彭、德尔·克劳斯和金·约翰逊（霍华德）写的《喜剧的真实性：即兴创作手册》摆在显眼的位置，好像要推荐给所有搞即兴表演的学生。在我工作的每一个晚上，几乎都会有客人问我那是不是一本好书。我也总是这样回答："是的，书是很好，但这个观念就在题目里。只要好好想想。"

好吧，也许比起做推销员来，我更适合当作家和表演者。但是我坚信我所说的，你要记住的事就在这本书的题目里：即"喜剧的真实性"。喜剧来源于真实，你生活中有很多真实的素材等着你去讲。所以不要浪费时间去考虑虚构的。

Q: 我的故事一定要真实吗？我认为增加一些编造的东西可以使它更有意思。

A: 答：不要编造你的故事。你知道，当一个人对你说谎时，他们会显得贼眉鼠眼，说话时的音量更高或语速更快。无论什么时候，如果有人像是要对我丈夫耍手腕，他总是说："我要把他那种'天才雷普利'[①] 的感觉弄掉。"所以，无论你的观众是你第一次约会时潜在的男 / 女朋友，还是你公司会议上的同事，抑或是你姐姐婚礼上的客人，你认为他

① 《天才雷普利》（*The Talented Mr.Ripley*）是 1999 年上映的一部非常好的惊悚片。它改编自翠西亚·海史密斯的经典小说。在电影中，马特·达蒙扮演一个英俊且对社会不满的年轻人汤姆·雷普利。

们真的就不够聪明，看不出来那个本该真实的故事其实并不真实吗？

除非你在尝试一个带有更多民间传说色彩的故事，否则就坚持讲真话。我对民间传说一无所知，而且，顺便说一句，如果你想学习的是民间传说，那么你买错了书。我教的每堂课都有关于“真实性”的问题。我还是不能完全理解，为什么一个人会认为谎言要比他们真实的生活更有趣，但我相信这也是基于害怕。正如害怕能阻止我们开始一样，它也能妨碍我们讲真话。你也许害怕你的生活不那么精彩，害怕如果讲真话，你将会被品头论足，害怕如果大家知道了你是谁，就不认为你很酷了（正如我在第二章里说的，我向你保证，事实正好相反）。

> 我有一个理论，桌面上不能讲真话，
> 也不能在九点到五点的上班时间讲。
>
> ——亨特·S. 汤普森，记者兼作家

想想吧。如果一个人对你不诚实，你会看他的节目，读他的书或听他讲话吗？也许你看到过一个政客对于他的过去不那么坦白，或者听过你朋友在一次聚会上吹牛时讲的故事，那个故事太完美了，完美得不像真的。通常人们撒谎，是因为他们认为谎言会更可笑或更有趣。

讲你的故事

想几个因为没有对他们的生活讲实话而被人抓住的人，公众的反应是什么？再想五个诚实的人，公众对他们的反应又是什么？

当比尔·克林顿被问起他过去吸食大麻的经历时，他说："我并没有吸进去。"没人相信他的话。事实上，一个人可以争论，但那会使他不那么受欢迎。当贝拉克·奥巴马被问及他过去使用毒品的经历时，他说："我那时还是个孩子，我吸了，这是问题的关键。"公众基本上会说"嗯……好吧"，然后忘了一切，去过他们自己的生活了。在讲故事中，你会因为讲了实话而被人祝贺。

相信你的观众的智力

在我教的头几个班级中，有一个学生的职业是药剂师。他讲了一个故事：他的一位顾客刚刚遭遇了严重的车祸，来找他开药。几分钟后，又来了一位顾客，恰好是撞了头一个顾客车的那个人，他们就当着药剂师的面大声地吵起来。我就问讲故事的人（那个药剂师）：“所以，后来又发生了什么？”他说：“我把他们带到了外面，他们就开始打起来了，所以我把他们俩都打倒了。”这时候，他把他的听众（整个班级）搞糊涂了。我的学生（那个药剂师）怎么也不应该在当班时离开他的岗位而卷进两个人的互殴当中。

我认为真实情况是这样的：那两个顾客发生了争执，药剂师让他们出去说，他们到了外面打了起来。也许药剂师努力想把他俩分开，也许他们只是在柜台那儿吵了起来。这个学生没有意识到的是两个刚刚卷进一场车祸的人在同一家药店出现，这已经足够有趣了。通常我们认为真事未必有趣，但我向你保证，真事一样有趣。

Q: 但是如果我不记得当时到底发生了什么怎么办？我又没有把它记录下来。我怎么能把我不记得的对话一字不落地转述出来呢？

A: 没人期待你记得生活中的每一个事例。而且，那会使每一个正常人发疯。但是，我确信有很多时刻或话语都是你永远不会忘记的。

如果你的故事是为一种印刷品准备的，比如《纽约人》（*New Yorker*）或《纽约时报》（*New York Times*），他们会进行事实核查，而且你会因为他们要进行事实核查而感到震惊。如果你要写一个关于你现在婚姻的故事，并且你在一个已出版的故事中提到你的初吻在“天堂七分钟”这个聚会游戏里给了贝姬·劳伦斯，我敢说《纽约人》一定会去追查贝姬·劳伦斯来证实她是否亲了你，是否发生在那次游戏中。而直播的故事却完全是另一回事。

在现场讲故事时，
没有事实核查。
我们只把你的话当真。①

所以，为了用你最好的技巧转述故事，要尽量讲述你能记得的真实的细节。对于你记不得的对话，可以加进去你认为那人可能说的话——意思是，如果你在讲一个邀请你的梦中女孩去参加毕业舞会的故事，而且你记得在使她最终同意之前和她来来回回说的很多话，你可能会像这样去讲述：我终于鼓足勇气去问她。一开始她不同意；一周后，她的决定变成了可能去；又过了一周，她说只要我别把它太当回事，

① 除非你足够幸运进入了艾拉·格拉斯的播客或公共电台节目《这个美国人的生活》或那类有水准的节目——如果那样的话，他们也会对你的故事进行事实核查。

她就和我去。

别陷入细枝末节。如果你在讲有一次你吃了很多薄煎饼，而你又记不清自己到底吃了多少，那就说你吃了七个，没关系。没人会站起来打断你的故事并大叫：“说谎！你吃了五个！”然而，如果你在讲你多怕坐过山车，而你告诉我们你最后克服了恐惧并且坐了最吓人的过山车，事实是当你的朋友们去坐过山车，你却帮朋友拿着包，并且想着他们正玩得多么开心，这就不好了。捏造故事情节是不好的，使故事当中不重要的细节更具体是可以的。

Q: 如果我故事的时间脉络不清楚怎么办？可不可以含糊一点儿让听众更好地理解呢？

A: 我认为可以！例如，我经常讲的一个发生在住宿营地的故事：我在那儿度过了我生命中非常愉快的两个夏天。如果我在故事中间停下来说：“后来，夏天的野营结束了，我回了家，后来又注册登记了来年夏天的野营——这次是四周而不是三周。所以我第二年的野营开始了，还是上次那拨人，并且……”那么，这个故事就不清楚，而且很花时间。

还有比这更无聊的故事吗？相反，我所做的是压缩时间轴。为了使故事更清晰，我把它整个安排在一个夏季住宿营地的七周时间里。所有的事件都发生在一个夏天，而不是包括三周和四周的两个夏季。重要的是我故事里的事件、情节和人物都是真实的。

Q: 那些不相干的人物怎么办？有没有办法使你故事的“演员表”更简单又不会回避一些事实？

A: 减少你故事中的人物是个好主意。记住，你是主角，整个故事都是关于你的！我不在乎你的三个室友和他们具体的背景故事。我一次又一次看见人们花了三分钟来描述他们办公室里的每个人，而他们故事的有趣部分还没有开始。如果你的故事是关于你和办公室的一个可怕助理之间的对抗，而办公室的确还有另外一个人，可他从不抬头，也不说话，并且与你的故事无关，那就没必要提到他。我总是跟我的学生说，如果车里有五个人，但是故事是讲你和你最好的朋友发生了大声的争吵，那是就剪掉其他三个人。我们在乎的是你和你最好的朋友的争吵，去描写不相干的人物就划不来了。

还有一种“混合式人物”，是把不同的人聚合在一起形成的角色。他们代表着同一类人，而这类人被压缩成一个虚构的人。在我的第一本书《迟钝：一个超长的尴尬阶段的故事》（*Gawky: Tales of an Extra Long Awkward*

Phase）里，记述了我童年和青少年时期的许多真实故事，并且自始至终有两个仗势欺人的人：查德·德克尔和杰西卡·罗森斯坦。虽然我的第一本书是一本回忆录，但查德和杰西卡并非真有其人。“查德”集我青少年时期遇到的所有男性坏蛋于一身，“杰西卡”则是所有女性坏蛋的合体。如果我的青少年时期被那么多人欺负，那得是一个多么特殊的时期啊！读者很难记住每个人，所以我塑造了查德和杰西卡。用这种方法，读者就不会被不相干的人物所迷惑，相反，他们可以深入地了解这两个坏蛋。

建议：

如果你的故事中有很多人代表着同一类人，把他们合并成一个。

Q：如果我不记得约会那天到底看的哪部电影，或者当我们在音乐会上亲吻时正唱着哪首歌，怎么办？我可以编吗？

A：可以吧。想一个那时候你可能会看的电影，或者你可能听的符合那个时代的一首歌。这可能需要你在谷歌上搜一下。如果你的故事发生在 1979 年，你不会想说你在汽车影院里看《谋杀绿脚趾》（*The Big Lebowski*）[1]吧。

大多数观众都会同意，他们听你讲你一边播放电影《泰坦尼克》一边在沙发上与人卿卿我我，比听你讲只与人在沙发上卿卿我我而没有播放《泰坦尼克》更有意思。在我的回忆录《迟钝》里，我记得在我毕业舞会的那个周末，我们在一家糖果店办了一个临时舞会，但我不记得具体播放了什么歌，所以我就在谷歌上搜了一些那个年代风行的舞曲，最终选定了夸德城市 DJ 的《来吧，去旅行（火车）》〔*C'mon N'Ride It (The Train)*〕，这首舞曲塑造了一个生动的形象，表现出那场舞会多么好玩。我无法证明这就是当时播放的舞曲，但重要的是我的故事中有趣的部分是真的。现在，如果我编一个全新的故事，并且说我从来没有在一家糖果店跳过舞，那就不对了。

① 《谋杀绿脚趾》是 1998 年在美国上映的一部犯罪喜剧片。——译者注

Q: 有没有合法的方式既使你的故事真实又保护故事中其他人的隐私?

A: 如果你说在大学时遇到了故事中的朋友，而实际上是在高中遇见她的，这没什么，如果这能保护她的身份。若你故事的其他部分都是真的，那就放手去做吧。如果你的故事是关于一位糟糕的前老板，尽管在故事中把他/她的性别改掉以防传到他/她的耳朵里。

比如，我有一位密友，她想介绍当时一位非常有名的情景喜剧明星给我认识。我经常在公共场合讲这个故事，并且讲它是如何失败的。但这是一个难以处理的问题，因为他是个公共人物。所以我该怎么做？我讲故事时说："我不能告诉你们他的名字，但是为了讲故事起见，让我们姑且称他'科克·卡梅伦'。"这不仅获得了一阵笑声，还阻止了许多观众的胡思乱想，诸如"我还奇怪他是谁呢"之类的。而且，因为我已经说了他是当时的一位情景喜剧明星，而不是八十年代的情景喜剧明星，观众就相信他不是科克·卡梅伦。

这个身份保护技巧的一个非常好的例子就是爱尔纳·贝克在她的书里提到亲吻已婚的"沃伦·比蒂"（不是真的

沃伦·比蒂[①])的故事。

如果不把你故事里的三个人叫作伦尼、卡尔和皮特（这三个名字你的观众记得住），另一个办法就是根据他们的特点给他们起外号。与伦尼、卡尔和皮特相比，观众会更容易记住僵局、蓬蓬头和大麻项链。而且，这不仅给了我们一个有趣的画面，还保护了他们的身份。你也可以用名人或公众人物的特点来起外号。与其说“萨利长得矮矮胖胖的，戴着一副圆眼镜，头顶也秃了一块儿”，不如把萨利的特点描绘成“女性本·富兰克林”。名字受到了保护，植入了笑点，并且塑造了强烈的视觉画面！

试着给你故事中的人物想出可笑的绰号吧！

如果你讲实话，
就不用刻意去记所有事。[②]

——马克·吐温

① 沃伦·比蒂（Warren Beatty），是出生于1937年的美国演员、导演、编剧和制片人。——译者注

② 这确实是马克·吐温说的话，也是我真正同意的一段话。

讲你的故事

写一个你这辈子讲过的善意谎言的清单。

别担心——你不用给任何人看。

这是我的：

· **我弹吉他**。

不，我吉他弹得烂极了。我想弹吉他。我喜欢摇滚乐。我高中时学过吉他，可发现自己完全没有这方面的天分，我从来没有如此震惊过。我知道几个基本和弦，也能假装弹大约三十秒的时间，但是我与艾迪·范·海伦[①] 完全不同。

· **我骑马**。

不，事实上我害怕骑马。我在七年级和八年级之间的

① 艾迪·范·海伦（Eddie Van Halen），美国著名重金属乐队 Van Halen 的吉他手，为 20 世纪最杰出的吉他演奏家之一。——译者注

暑假参加了一个骑马训练营。第一天我成功地从一匹站着不动的马上摔了下来。但是我已经去过许多需要“有经验的骑手”的广告中试镜了（可我一次机会也没有得到）。

·我说法语。

好吧，我刚上高中时学了两年法语，但不得不退课，因为我学不会。后来我与一个能说流利英语的法国人约会，但是我通常会省略“能说流利英语”这一点。

想象一下，如果我能和我的法国爱人讲流利的法语，那得多性感啊。

·我妈妈是英国人。

好吧，我妈妈的妈妈是从英格兰移民到这儿的，所以严格来说，我妈妈是英国人，对吧？这比她出生在匹茨堡有趣得多。

现在你知道了我不太会说法语、不喜欢骑马，也不是一个英国吉他手，你就不怎么喜欢我了，是吗？我不这么认为。

我是说，谁愿意与一个完美的、神气活现的人做朋友呢？我喜欢那些对自己和自己的缺点诚实的人，我想你也是，那些观众也是。

每次你有了一个具有强烈讽刺意味的点子，
你都会发现别人的点子更好。

——德尔·克劳斯

演员，老师，长篇即兴创作的先驱

改变人物的名字并且确认他们的特点

（为了保护隐私）

重现具体的对话

（"他说"）

大概估计确切的数字、年龄、年代

整合人物

压缩时间

编造事实的技巧

改变情节

编造人物

改变故事的情感事实

✕

第四章

通用主题

不幸的家庭、倒霉的恋人
和被放逐的英雄
是普遍存在的。

—— 艾丽芙·巴图曼

我确信我们都有这样一位朋友——他总是说呀，说呀，不停地讲他/她自己的生活，从不过问你的。你一边听着他/她不停地讲，一边琢磨着：“他什么时候问问我？”你可能会开始痛恨听这个人讲话。所以在讲故事时，你必须竭尽全力使自己不要成为那样的人。记住，没人在乎你的生活。

Q：但是玛格特，这不是与你以前说的矛盾了吗？我认为人们在乎我的生活，所以我才要分享我的故事呀？

A：你得哄人们在乎你的生活。你得以某种方式让他们认为你的生活跟他们一样。一旦你做到了这一点，他们就会听你说的任何事。你不能使听众觉得他们被你的故事排除在外。必须让他们觉得他们是故事的一部分。

要想做到这一点，有个方法就是一开始就说明故事的背景。我经常听到有关一个人童年的冗长的故事，听到故事的最后，我都不知道他们是在德克萨斯的乡间还是在巴尔的摩的城市长大的。通过告诉观众故事发生的地点，你一下子就把他们带进了你的世界，不管他们是否在那儿也有过相同的经历，还是他们根本不知道你说的是哪儿。然而，如果你根本就不说任何背景，你很有可能会使观众感觉被忽视从而疏远你。

就在最近，我听我的一个叫布莱恩·纽方的学生讲了一个吸引人的，并且超级离奇的故事。整个故事发生在华盛顿州的一个农场里。布莱恩很好地描述了那个场景——远离人烟、原始、不停地下雨——使得我这个从来没去过华盛顿州农场的人好像立刻去到了那里。那是一个我在电影和电视上看见过的地方，我能用这种方法与之联系起来。另外，当布莱恩讲到故事令人不寒而栗的地方时（那是一个关于显灵板的故事——不必多言了吧！），又知道他是在一个偏僻的古老的农场，那得多吓人啊！就像一部恐怖片里的场景。我最喜欢恐怖片了。如果他没有清楚地说明故事的背景，我很可能理解不了他的故事。

Q：我应该怎么使陌生人觉得他们是发生在我身上的真实故事的一部分呢？

A：调整你故事的头几句话，你就可以很容易地使故事吸引所有人。首先，你得避免那些不能包罗万象的话语。下面是我开始讲一个故事时所采用的方法：

“最疯狂的事经常发生在我身上。一次，当时我还在伦敦学习戏剧，我和朋友娜塔莎度过了一个最疯狂的夜晚……”

用这两个句子，我就使大多数的观众疏远了我。看我是如何成功地让观众疏远我的：

“最疯狂的事经常发生在我身上。”

“哇，她的生活一定很令人兴奋。我身

上从来没有发生过疯狂的事。我只是一个普通人，过着平凡的日子。她一点儿都不像我；我要走神了。”

如果你对某事有很好的回应，很可能是因为你和那个人能够建立联系。如果你没有很好地回应，是因为你觉得你不是故事中的一部分。例如，我在纽约住了十一年，尽管《绯闻女孩》（*Gossip Girl*）讲的是发生在那里的故事，我却一季都没有看过。那部剧讲的是住在上东区有钱的、精英少年的故事。我从没在上东区住过，我的少年时代也不是在纽约度过的，我住在那儿时也肯定不是什么有钱人。我当时是住在市中心的一个囊中羞涩的二十几岁的女孩儿。因为那部剧跟我没关系，我也就从来不看。

反过来说，尽管我对橄榄球不感兴趣，也不是来自德克萨斯州，《胜利之光》（*Friday Night Lights*）我却一季不落，因为它发生在一个以中产阶级或工人阶级为主的小镇，以橄榄球为中心，确实与我成长的环境有关，虽然我成长在新泽西州的一个小镇，而且，说老实话，我讨厌每个人都那么喜欢橄榄球。我喜欢那部剧，因为那是一个有一支值得自豪的高中校队的小镇，还有一批不停奋斗的中产阶级美国人，这些都是我认同的。

咱们还是回到我的故事来吧，看看我是怎么用我的第二段话使观众疏远了我：

“一次，当时我还在伦敦学习戏剧，我和朋友娜塔莎度过了一个最疯狂的夜晚……”

“哇，她是一个彻头彻尾自命精于戏剧的人，她很有钱，能够支付去国外学习的费用，而且是开销昂贵的伦敦。我打赌，她和她有钱的朋友娜塔莎一定有过一个疯狂的、奢靡的夜晚，那是我永远不可能有的。”

现在，在保持故事真实性的同时，看看把故事的头几行改成能让大多数人都可以理解的内容是多么地简单。我要讲同一个故事，但是却这样开始：

“你有没有花光了钱的经历？你的银行账户上是零，那个零是真的零，意味着你真的没钱了，也没有救急的信用卡，也没法给父母打电话——你没钱了。我在伦敦学习时就遇到过一次，碰巧的是，来拜访我的朋友娜塔莎那晚也没钱了。我们决定拿着我们的地铁月票，无论如何也要到镇上去。”

通过以一个问题开头的形式（这是开始一个故事时有趣的办法，但不是一个必须遵守的规定），我邀请观众进入了我的世界。当一个人在交谈中运用了这个方法——就像“我老板想和我在工作之余成为朋友，而我只想和他保持工作关系。你身边发生过这样的事吗？”——你会觉得那个人在跟你聊天，而不是对你说。同样，通过承认自己是一个在国外学习的囊中羞涩的学生而不是一个时髦的公主，我变得更令人感到亲切，因此，我也就更能用自己故事的通用主题来吸引观众。

讲你的故事

我把这个叫作 “讲了一千遍的故事”。想想生活中你讲的最多的故事。每个人都有这样一个故事——你朋友或家人请你反复地讲，讲得你都想吐。明白了吗？现在想想那个故事里有什么普遍性。是普通的情感？奋斗？普通的错误概念？还是别的什么？

我在我教的每个班里都做过这样的练习，无论是为那些没有讲故事经验的宾馆经理们举办的为期一天的工作坊，还是在正直公民旅剧院举办的八周的课程。我那个疯狂的伦敦之夜故事的共同点是：有时我们生活中最好的夜晚不是豪华的晚餐和晚礼服，而是好朋友和好精神。

记住，你发现自己可以在公众场合反复讲的故事是你应该探究并不断发展的故事。

不管你相不相信，电影《肖申克的救赎》就是一个近乎完美的讲故事的范例。不相信？让我告诉你他们是怎么做的。

情节：两个犯人在监狱里建立了友谊并最终在监狱外获得了救赎。

大家都会同意这是电影里发生的事。这是故事的情节。还记得小时候要写的那些烦人的读书报告吗？我们要花好长时间来确定情节。

现在，让我们再看看电影的通用主题或是要点。每个看电影的人会有不同的想法。下面是我的理解。

通用主题：永远不要放弃。

你的理解可能是：坚持你的信念。

或是：在哪儿都能找到真朋友。

或是：如果你有耐心的话，救赎终究会到来。

这是我的生活。
你不明白吗？
这是我的生活！
——安迪（蒂姆·罗宾斯饰演），
《肖申克的救赎》

《肖申克的救赎》的成功在于对我们所有人的感染力。是的，这是关于安迪生活的故事，但也是我们的故事。幸运的是，不是所有的人都被错判入狱好多年，但是电影吸引我们的地方正是与我们有关的主题：失意、愤怒、不公、忠诚和希望。

这个故事和电影中还有另一个我们能分析出来的东西。我叫它“切入点”，那是你的故事以某种方式与其他人的生活建立联系的点。这个切入点对于观众当中的每个人来说都是不一样的。切入点是我们的注意力被真正吸引的地方；是一直能吸引我们的东西。

切入点：对于我来说，它就是由摩根·弗里曼扮演的瑞德这个角色出现的时候。虽然幸运的是我从来没有进过监狱，但当我在一个陌生的新地方时，还是会有局外人的感觉，就像蒂姆·罗宾斯扮演的安迪一样。瑞德和安迪的友谊使我想起了我刚搬到令人生畏的纽约并第一次在餐馆做服务员时的感受。在那个餐馆工作的每个人都对他们的工作感到厌倦，因为他们在这行已经干了太多年了，有很多经验，更不要说他们都有着令人震惊的像模特般漂亮的外表。我不停地把事情搞得一团糟，好像要被生吃了一般。我想我要被炒鱿鱼了。后来，到第三天，一个叫丹尼的非常风趣的单口喜剧演员来上班。他让我发笑，他教我系绳子，这让我平静了下来。他是我大学毕业后第一个真正的朋友。我们现在还是朋友。

对于那些经历过不忠的人来说，《肖申克的救赎》的切入点可能是安迪的妻子欺骗他的时候。对于那些进过监狱的人来说，切入点可能是当安迪第一次走进监狱的时候。既然每个人的切入点不一样，一个好故事就可以有好几个切入点。

所以让我们概括一下。

情节: 发生在你的故事里的事。把它想成《电视指南》对你的故事的描写。（应该对每个听众都一样）

通用主题: 故事背后的要点。（也许会根据听众的不同而不同）

切入点: 听众将你的故事对应到他/她的生活中，并变

得更投入的那个时刻。（一定会根据听众的不同而不同）

我们都很自私。
除非你的故事也是我们的故事，
否则我们是不会给它机会的。

下面是一些极端故事的例子，这些故事都很成功，那是因为它们有许多共同点。

· **《绝命毒师》**：你是一个毒贩吗？我希望不是。所以为什么这部剧那么受欢迎呢？因为它包含了通用主题：一个后进生终于取得了比预期好的成绩；不可能的友谊；关于到底谁是真正的坏蛋的模糊界定。

· **《绿野仙踪》**：我猜你从来没有被一场龙卷风卷到空中，再甩到一个神奇的麦肯齐地区。所以为什么这是一部经典？因为它包含了通用主题：那个地方一点儿都不像家；你想要的东西已经有了，你只需要相信自己；有时负责人并不清楚他们在做什么。

· **荷马的《奥德赛》**：哦，你没参加过特洛伊战争吧？你的家人从来没想过特洛伊城陷落后你已经死了吧？所以，为什么这首创作于公元前八世纪的诗至今还被广泛阅读？

除非你的故事**包含一个通用主题**，否则你最好把它留给你的治疗师或你最好的朋友。

通过让我们**相信这是关于我们自己的故事**来哄骗我们听你的故事。

也许是因为它的主题：回家，身份和诱惑。难道我们没有为这些事情当中的至少一件而奋斗过吗？

建议：下次你再看一部电视节目或电影，或读一本书，而且你非常喜欢它时，想想你为什么喜欢它。它是怎么与你自己的生活相联系的？通用主题是什么？遇到相反的情况也要问问自己。如果你不喜欢某事，为什么不喜欢？我打赌那是因为你不觉得自己是故事的一部分。

第五章

基于论题的故事

做事最好的方法就是去做。

——这是我给一个前男友的卡片上的一句话。

他从来不能按时起床去上课。①

Q：我怎么开始我的故事？

A：开头确实很难。这也是为什么我们当中的许多人虽然不喜欢那份工作或者明知道那份情感不会有结果也不愿做出改变的原因。我们这么做是因为开

① 他不久就退学了。我猜我的卡片没起作用。

始一件新事物的前景通常比坚持一件老旧的事物更令人害怕。我的出版经纪人有一个文身，上面写着："可以从任何地方开始。"当然，做图书业的人都会有这个。在那个领域，通常最难的部分只是写作的开始。

那么，从哪儿开始一个故事呢？首先，让我们想想要开始一个故事不能做什么。这只是我个人的偏好，但我听过很多故事都是以某种过分戏剧化的、僵硬的、毫无人情味的方式开始的。我总是能看到这样的开头：

> **2013 年 1 月。我已经是一个三十岁的男人了，一个父亲。我站在小时候的卧室门前，寻找过去时光残存的记忆。我环顾四周，看见了他——白雪，我白色的泰迪熊——我记起了一切。**
>
> **小时候，我最想要的就是一个泰迪熊。我哥哥比我大十岁，早已过了玩泰迪熊的年纪。**

我非常不理解这种开头方式。为什么我们要以这种毫无人情味的方式开头呢？没人这么说话。为什么不像和你的一大拨朋友聊天一样开始呢？讲个故事为什么还要这么正式呢？这不是博士论文。回到 iPhone 发布会上，史蒂夫·乔布斯肯定不是用这种不自然的、过分书面化的方式开始的，而是深吸了一口气，然后开始谈论 iPhone。他说：“今天是我盼望了两年半的日子。”我想我们都能理解。无论是我们结婚那天，还是我们的孩子降生那天，抑或是我们终于升职的那一天。我们都理解那种等啊等啊，等着那个令人兴奋的时刻发生时的感受。这是一个比简单地说“2005 年 2 月。多伦多下雪了。我盯着翻盖手机小小的屏幕，想：‘这难道还不够吗？’”能更好地吸引我们的方法。

方案 1：故事开始时先对自己做一个简单的介绍，然后直接进入正题。

以那个泰迪熊的故事为例：

> 作为一个大家庭里最小的孩子，我总是努力与家人融洽相处，并表现出与我的年龄不相称的沉着冷静。我大哥是橄榄球队的球员，如果我表现得太孩子气，他就会毫不留情地取笑我。他不知道的是我直到八岁还嘬大拇指，还在别人都不看《芝麻街》的时候偷偷看，并有一个秘密的好朋友……白雪，神奇的泰迪熊。”

看到了吧，比起原来那种淡定的、毫无人情味的介绍，这种生动的描绘要容易得多。

方案2：把观众当作你最好的朋友，就像给你一辈子最好的朋友讲一个小秘密一样开始你的故事。

这是我开始一个故事时最喜欢的方法之一。我不是要去做一件大事，而只是深吸一口气，然后就像我们已经认识好多年一样开始聊天。

例如，讲我被一个美甲师诅咒的故事时（我已经在第一章里提过这个奇怪的故事了），我是这样开始的：

> **所以，我不是一个保持陈规旧习的人，但是我来自新泽西，而且我真的相信一整套亚克力假指甲，带喷枪绘制的艺术作品和可选的镶钻指甲，才是美甲的真正标准。**

请注意，我用“所以”这个词开始我的故事。我99%的故事都是这样做的。用这个词开头会使我觉得我是从思绪的中间开始的，就像我正处于一场随意的交谈当中，可以很轻松地讲到想给朋友讲的故事的重点。你尽可以自己尝试一下。许多学生都告诉我，在开始讲故事的重要细节之前加上这两个字，可以使他们平静下来，感觉更像是在聊天。

方案3：以一个关于你自己的主旨句开始你的故事，然后讲一个具体的故事来证明你的论点是正确的。

还记得大学时写学期论文，要先在开头表明论点，然后写一篇论文来证明它吗？作为一个戏剧专业的学生，我写了很多这样矫揉造作的文章：

- 桑德海姆《拜访森林》中的弗洛伊德主题。
- 《奥赛罗》中伊阿古被抑制的同性恋关系。
- 阿里斯托芬《吕西斯忒拉忒》中的现代主题。

同样的技巧也适用于讲故事，只是……主旨句应该是关于你的。提炼出一个关于你自己的声明式的语句，然后讲一个具体的故事来证明它。

但是说起来容易做起来难。找一个主旨句来概括你的生活的想法会令人不知所措。

讲你的故事

那么，让我们缩小范围。

提炼出一个关于你的爱情、性行为或约会的主旨句，然后讲一个故事来证明它。

如果缩小范围也太难，找一个关于你和旅行或金钱的关系的主旨句。

在爱情、性行为、约会、旅行、金钱之间，你一定有些什么可以说的。

这儿有一些例子：

· 我害怕承诺。

· 我是个持续感情专一的人。

· 我会坚守我的恋情，即使我很痛苦，也不要面对分手。

· 我旅行时会变成另外一个人。

· 我的钱既不是很多，也不是很少。

· 就在我认为我再也不会挣钱了的时候，一个意想不到的消息传来。

你尽可以超越这些种类；我只是发现它们可以帮助我缩小范围。

一旦你想出关于自己的声明式的表述，试着找到一个具体的故事来证明这个表述是正确的。记住，你的故事不是一个清单，我不要十二个关于你如何害怕承诺的短小的例子；我想要一个包含很多细节的完整的故事来证明你害怕承诺。

要做到不可预测，
要真实，要有趣，
要讲一个好故事。
——詹姆斯·达什纳，
作家，摘自《作家文摘》

这是这种讲故事方式的一个好方案(取自我生活中的真实故事)：

1. 主旨句：我是娱乐节目——具体来说，是《价格猜猜猜》[①]——的头号粉丝。

2. 一个简单的介绍，以一两个例子来说明：小时候，家里不允许我看娱乐节目。我父亲，一位学者，告诉我："那

① 《价格猜猜猜》（*The Price Is Right*）是美国一档电视节目，类似于我国央视二套的"购物街"。——译者注

是愚蠢的人才看的节目。我们家应该看《危险边缘》[1]！”所以，我经常偷偷溜出去看《价格猜猜猜》，好像它是一部色情片。

3. 然后我进入故事的实质，有开头、中间和结尾，还要建立一个高潮（我不打算在这儿写下整个故事，但是我会让你尝尝鲜）：几年前，我和丈夫去了洛杉矶，那次旅行我唯一的目的就是成为《价格猜猜猜》的一名参与者。我搜索了所有关于在节目录制时如何从观众中被选中的办法。我不可能花一整天只是看着其他人玩这个迄今为止开发出来的最伟大的游戏。我可不是一个旁观者。

这时候，我将详细叙述我在《价格猜猜猜》节目中的经历，通过世界上头号粉丝的眼睛看到的，就像我在论题中声明的那样。在故事的结尾，我的目的是让你相信我就是《价格猜猜猜》这个节目世界上的头号粉丝，因为我讲了个故事证明了这一点。

①《危险边缘》（*Jeopardy*）是美国哥伦比亚广播公司的一档益智问答游戏节目。——译者注

有趣的教学逸事：我过去常常在班上做这样的练习，“提炼出一个关于你的爱情、性行为或约会的主旨句，然后讲一个故事去证明它”。有一天，我又布置了这个练习，但是我没想到，在我的班上十个学生当中有三个正在闹离婚。我一开始并不知道，直到看着他们一个个站起来，说：“我关于爱情的主旨句就是‘我原来认为每件事都很好，但是我猜并不是。’”还有“我从没想到他会离开我”。慢慢地，我在椅子上开始觉得自己就像要死去似的。我怎么能想到班上30%的学生正经受离婚呢？从那以后，我就把话题的范围扩大到其他事情上了。

第二部分

part2

故事的要素

第六章

激情

感动是会蔓延的。

——马尔科姆·格拉德威尔，

《引爆点》

我不是萨拉·佩林的粉丝。然而，我曾经有个学生，她和佩林在同一个镇子长大，还把萨拉·佩林当作荣誉阿姨。这个学生带着激情、热情和幽默讲了个关于她有趣的“萨拉阿姨”的故事。在我学生讲故事的五分钟里，我真的喜欢上了萨拉·佩林。讲故事的人永远改变了我对萨拉·佩林的看法吗？并没有。故事过后，我依旧不喜欢她。

改变我对一个人强烈的看法要远比有趣的五分钟故事花更多的时间。但是讲故事的人成功了，她使我同意了她的观点，她使我倾听，并且欣赏她故事中的热情。我经常考虑这个例子，思索激情能把一个人带到多远。如果一个人，通过他的激情，能使你欣赏一个关于你不能忍受的人的故事，那么这种激情就是讲故事时一个非常有价值的技巧了。

冷淡是讲故事的敌人。
如果你对正在讲的事情没有强烈的感受，观众也不会在乎。

另一方面，我不在乎你是否给我讲有把枪指着你的故事——如果你好像没被故事当中发生的事件影响，你怎么能期待别人会受影响呢？

一旦你找到你喜爱的事物——人、食物、动物或任何事——你就开启了一个全新的世界，那里会有很多故事可讲。你不用只讲生活中最狂野的事件；你可以讲你真的在意的小事情。因此，现在，那个“我身上从来没有发生过什么疯狂的事”的借口可以扔出窗外了。

总的来说，不要给人形成一种
“我非常酷，我不在乎”的印象。
——保罗·费格，导演，作家
《怪胎与书呆》的编剧，摘自《洛杉矶》杂志

讲你的故事

列出一个令你有本能反应的十件事的清单。想想能让你有身体上的反应的事、人或地方（无论是正面的还是负面的），那里面也许有个特别的故事呢！

这儿有一个关于激情的例子，它或许可以成就一个故事，或许可以毁了一个故事。有一次在我班上，一个女学生给我们讲了她准备要一个孩子的过程，包括她经历的所有步骤。可惜，最后她没有怀上。大多数人都认同把一个孩子带到这个世界是一个非常重要的决定，而努力使这个决定成为现实可能会涉及一些重大利害关系。这是一个将改变你生活的决定。然而，这个学生只

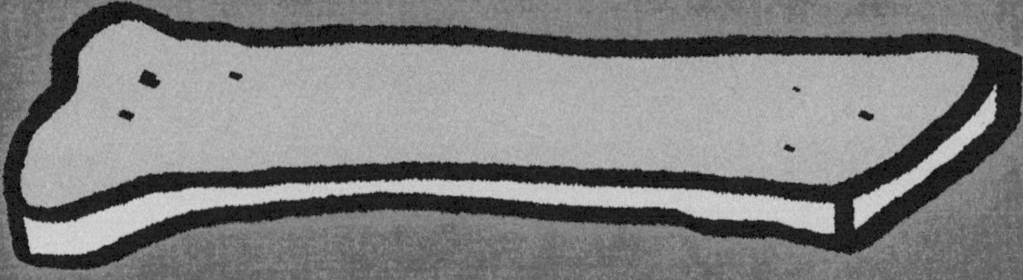

当一个关于火鸡三明治的故事能让我们兴奋不已时，那么讲这个故事的人就是一个真正的天才。

简单地给我们讲了她经历的步骤，比如，“后来我和男朋友分手了，我尝试过人工授精，花了好多钱，但没成。后来我又尝试了更贵的试管婴儿。后来……”她给了我们一个详细的报道，但并没有说她对发生的那些事有什么反应。我完全不明白她对她不得不承受的事情有什么感受。

我问她：“你那时想要个孩子吗？有多想？”她回答道：“我当时觉得如果有了就有了；如果没有，那就是命中注定不该有。”我们每个人生活中都有拿不定主意的时候，但如果你对一个话题拿不定主意，你不能期望你的故事会非常吸引人。因为没有激情，她的故事让我感觉很枯燥无味。因为她不在乎，所以我们也不必在乎。后来我又让她谈另一个话题，关于约会。从表面上看，这不是什么重要的话题，但是这次她真的在意要透露的信息。所以她展示出来的最终的故事非常棒。

作为听众，我们通常更在乎的是你对所发生的事的感受，而不是真正发生了什么。[1]

① 这个原则非常重要。我建议你把它写在一个能经常看到的地方。

事情还有另一面。一天，我的另一个学生来到我班上。她在威瑞森电信（Verizon）工作，是一个有着三个孩子的中年母亲。那天她讲了一个关于为办公室的圣诞节晚会烤饼干的故事。这听上去有点儿无聊，是吧？错了。虽然我已经听过无数个故事了，但这是我这一生听过的最有趣的故事之一。她从最开始如何烘焙幸运甜饼讲起，讲到她如何在甜饼里画了独具个人特色的幸运符，还跟真正的幸运甜饼的字体相配。她全身心地投入其中，以至于相信这次圣诞节晚会将把她从威瑞森电信不幸的工作中拯救出来，可以让她开始一个全新的事业：即为婚礼、毕业典礼、办公室活动，或更多的场合制作她特有的幸运甜饼。她不用再被缠在那里听人们抱怨他们的无线电话接收器了。她将成为一个成功的业主，安排自己的时间，什么时候想度假，她就会飞到热带去度个假。

然而事实是，她来到办公室的圣诞节晚会，骄傲地带着一托盘自己做的幸运甜饼。有人立即说："放在那边吧。"于是那些甜饼被放在会场后面的一个角落里，接着，在整个晚会的过程中纷纷破裂，没有人尝一口。而当她的同事们狼吞虎咽地吃着设计师纸杯蛋糕、迷你姜饼屋和蛋奶酒布朗尼时，我的学生开始考虑她的人生决策了。

她说她非常受打击，以致第二天闹钟响过，她都不愿意起床。“我不会开始我的幸运甜饼生意了，”她说，“我也不会飞到阿鲁巴岛度假了。相反，我这辈子都得拴在威瑞森接听电话了。”

整个班级都忍不住大笑，有些人一边大笑还一边大叫。这是一个关于为办公室的圣诞节晚会烘焙糕点的故事，它不是像生孩子一样可以改变生活的事件。但是她非常在意——非常在意，甚至第二天都不愿意起床。我们都和她一样在意。直到今天，这个圣诞节糕点的故事还是我最喜欢的故事之一。讲故事者的激情非常有感染力，以至于这些年我还能清晰地记得。

对于一件事或一个人有强烈的
好感或反感
能使你的故事生动而有趣。

带有负面情绪的故事一样具有说服力，使人感同身受。我不是说你应该讲讲你是如何刚读完一本关于美国监狱可怕状况的书，并且想和我们分享几段最精彩的部分（在某时某地有过类似的演讲，但那肯定不是讲故事）。我想说的是，对某事强烈地反对也可以很有趣。

> 我讨厌戴大礼帽的人，
> 他们看上去就像混蛋。
>
> ——约翰·沃特斯，
> 导演，摘自《沙龙》杂志

导演约翰·沃特斯的书《榜样》（*Role Models*）包含了许多故意的有趣的沉思，但没有什么比他对戴着大礼帽、穿着斗篷的成年男人的顽固成见更能让我大笑的了。沃特斯对于那些愚蠢事情的强烈反感情绪有着纯粹的、荒谬的不可思议的魔力，让我觉得很可笑。下面是其他一些负面观点，我发现它们都很傻或非常滑稽。

· 《宋飞正传》（*Seinfeld's*）里伊莱恩对《英国病人》（*The English Patient*）彻底的反感。

· 《谋杀绿脚趾》（*The Big Lebowski*）里督爷对老鹰乐队真心的憎恶。

· 贝拉克·奥巴马把坎耶·维斯特称作“公驴”。

· 我丈夫完全不屑于用任何聊天或短信功能，无论什么时候什么人给他发信息，他都很烦。每次他都激动地说“现在每个人都知道，我不聊天”，我都会笑。

讲你的故事

想出你喜欢的事情，并填空。不要过分思考，也不要把可能的答案都列出来。相反，做一个坚定的选择并坚持下去。

我会因为 ___________ 而极度兴奋。

我假装关心 ____________，但实际上我并不关心。

我假装不关心 ____________，但实际上我关心。

我担心人们会发现 ____________。

还有一件事：试着有创意一点儿。我总是能听到很多毫无创意的回答：

“我不明白婚姻、婚礼、孩子或卡戴珊姐妹[①]有什么大不了。”（没人明白卡戴珊姐妹有什么大不了！）

“我假装关心你的孩子、环境或政治，但实际上我并不关心。”

① 卡戴珊姐妹（the Kardashians）是美国一部真人秀节目《与卡戴珊姐妹同行》中的角色。该电视节目开播于 2007 年，是美国目前持续播出时间最长的真人秀节目之一，已经播出了 13 季。——译者注

“我假装不在意其他人怎么看我或我的体重，但实际上我在意。”

还有一些答案启发了令人惊奇的故事：

那些大物件的小比例模型令我极度兴奋。

我假装关心银行业务，但其实不是（这是一个经理级别的银行家说的，从而引出了一个非常有意思的故事）。

我假装不喜欢浪漫喜剧，但其实我真的喜欢。

我担心人们会发现我不是真的来自西班牙。

提到激情，有时你会走得太远。如果你看过《创智赢家》（*Shark Tank*）——一档企业家向百万富翁和亿万富翁投资者展示新发明的节目——你就知道通常每一季都表现了某人要么完成一项交易，要么枪毙了一项交易——都是因为被投资者使用了或错误使用了激情。

建议：激情是你的敌人，当……

1. 你在讲故事过程中哭的时候，不管是无法控制地流泪还是抽泣。

2. 你冲着观众大喊，好让他们明白你的意思。

3. 你因为自己的笑话而发笑，这令人感到不舒服，因为你不是发自内心的，而是想示意观众：“这不好笑吗？”

4. 你告诉听众他们应该有什么感受，比如：“伙计们，这应该很有趣”或“为什么你们不同意我说的？”

《创智赢家》里数不胜数的企业家都说过类似的话：“我认为这很重要。它能改变我们的生活，你应该能看出它有多么重要。”但这不是要博得别人同意的方法。那些投资者要么感受到你的真情实感并表示认同，要么没有。没人愿意被告诉他们应该如何感受。人们或者自然而然地感受事物，或者没有感受。比如一些人在《恋恋笔记本》的结尾处感动得一塌糊涂，无法控制自己的哭泣。一些人（像我）在电影的中间就换台了，因为我们不明白这有什么大不了的。

不要滥用激情，
否则会使观众远离你。

讲你的故事

在讲故事过程中，情感既是你的敌人也是你的同盟。让我们做另一个填空练习，来看看什么是真正能让你继续讲好故事的事情。

__________ **使我哭泣**。

__________ **使我非常愤怒**。

我不能相信我曾经对 __________ **有如此反应**。

________ **使我知道了我多么恨** ______________。

做这个练习的时候，试着想想世界上那些让你哭泣的最蠢的事情。对于我来说，答案会是“飞机上播放的那些伤感的电影”（我最近一次在跨国航线上哭得像个孩子是当时在看文斯·沃恩出演的浪漫喜剧，其实它一点儿都不悲伤）。

发现是什么让你哭泣，目的不是为了讲一个有关你能想到的最可怕的故事，而是去发现这种高涨情绪下的幽默。

这同样适用于填空练习里的“愤怒”一项。当然，不公正、滥用或腐败等都会使我们愤怒。但是什么是使你愤怒的愚蠢的东西呢？什么是你经常傻傻地抱怨的事情？对我来说，就是那些走在街上，肩膀上扛着鹦鹉的人。你不是一个海盗！西72大街也不是一只热带鸟的自然栖息地！

因为有一只该死的鹦鹉在你肩上，我盯着你看的时间就稍微长了点儿，但别给我表现得像是在说：“你看什么看？”我不是说我们比较优越，但是我只想说我从没见过一个女人肩膀上扛着一只鹦鹉走在大街上。

生活中每时每刻都是学习的过程，
否则，还有什么好处呢？
对吧？
——保罗，摘自约翰·瓜尔的《六度分裂》

对于填空练习的倒数第二项，要想想具体的事。别只回答说“我不相信我曾经对人们的差异有如此反应”。这么回答太含糊。一个学生曾经这样回答：“我不相信我曾经对自己在纽瓦克机场丢失的行李有如此反应。”接着就讲了一个令人捧腹的故事，并以她的当众出丑结束了那个故事。

最后一个提示，试着以一句话讲完一个故事的方式挑战一下你自己。我从这世界上最害羞的学生那里得到过最好的答案。她站起来，在全班同学面前静静地说：“肛交使我知道了我多么痛恨它。”随后整个班级哄堂大笑——那种大声的捧腹大笑持续了好几分钟。她用十三个字讲了一个故事。

所以现在你知道由激情驱使得来的故事的涵义了吧——强烈的情感既可以支持，也可以反对某件事物——我还有另一个练习给你们。

讲你的故事

我把这个叫作“当你失去的时候”。回想一次你突然崩溃的时候——我是说真的精神崩溃。不要对自己说：“我一直顺顺当当，从不失控。”我觉得那是废话。每个人都曾失控过。好吧，也许你没有表现得像迈克尔·道格拉斯饰演的《城市英雄》(*Falling Down*)[①] 里的威廉·“D-Fens”·福

① 这是一部 20 世纪 90 年代的经典电影。道格拉斯在洛杉矶经历了令人无法忍受的懊恼的一天，变得极度愤怒，点火就着，这使得他拿起武器一通乱射。

斯特那样，但是某些时候你肯定失去过冷静。详细叙述一下那个故事，并试着发现里面的幽默。

一个人意图把人类定义成理性动物，
而这种动物在受到理性的支配去行事时
却总是乱发脾气。

——奥斯卡·王尔德，
《身为艺术家的评论者》

如果现在你能为上一次的“失控”而发笑的话，可能你的观众也会觉得很有意思。

第七章

层次

皮特猫故事的寓意是：
无论你迈进了什么地方，
都要唱着你的歌继续前进……
因为什么都很好。

——《皮特猫：我喜欢我的白色球鞋》，
艾瑞克·利特温著

我两岁的儿子喜欢皮特猫童话系列图书，我认为皮特猫是一只彻头彻尾疯狂古怪的猫。皮特有过很多次历险，在这过程中，他学着变得冷静并且不会为生活中的小麻烦而感到不安，比如踩进一大堆蓝莓里，把他最喜欢的黄衬衫的四个扣子一个一个根本没必要告诉我们你的故事的寓意，因为我们都懂。

地揪掉，或者因为原来的圣诞猫感冒了，他不得不在最后一分钟成为替补。通常在这些书的结尾，作者会毫不掩饰地告诉我们故事的寓意，都是些关于记得要变得超级冷漠的话。因为这些书的目标是儿童，他们经常需要人们把故事的意思为他们一个字一个字地写出来。我儿子并不懂故事潜在的意思或微妙之处。然而，大人就不同了。他们懂。

我直到今天也不明白那两个意大利女人在唱什么。
事实上，我根本不想知道。
有些事情最好留着不说。
我宁愿认为她们在唱一些美好的事物，
那些无法用语言表达的事物，
那些能让你因此感到心痛的事物。
——瑞德（摩根·弗里曼饰演），
《肖申克的救赎》

当最棒的讲述人想在一个真实的故事中传达一个深刻的道理时，他们总是偷偷的，而不是既明显又笨手笨脚的。否则，你会表现得像讲道似的过于多愁善感。大卫·赛德里就是这方面的专家。他在《纽约人》上发表的一篇文章《现在我们五岁》就是一个极好的例子。这篇文章写了他妹妹的自杀。那是他写过的最忧郁的文章之一，但是我看过他现场讲这个故事，甚至到现在还能记得其中惹人大笑的时刻。

当我听到别人讲的故事里有这样的话时，
我会觉得反感：

· 然后我突然领悟到了。

· 这就是我意识到……的时刻。

· 随后它发生了。

· 现在我知道……

· 我的意思是……

· 故事的寓意是……

· 所以，我所学到的是……

· 我的理解是……

《绿野仙踪》这部电影快到结尾处时，多乐茜说了好几次："没有地方能像家一样。"大多数人会说那是故事想要告诉人们的寓意。然而，另一个获得大众认可的理论是，这个故事是对二十世纪初美国正在改变的金钱政策的讽喻。还有其他一些广为流传的理论（宗教讽喻、女性主义讽喻，和一些别的），但是最为一致的观点是那条黄色的砖路象征着金本位，祖母绿色的城市代表着美元等等。

所以，我们说这种“《绿野仙踪》理论”是准确的。电影里没有一处多乐茜看着镜头，跳出角色表演，说：“嘿，伙计们，我知道你们都认为这部电影是关于我回到堪萨斯家的旅程的故事。但事实上，我要说的是，世纪之交的民粹主义运动真的都是胡说八道。”其实电影已经不言自明了，我们都从中得到了一些东西，即使我们不知道它想要传达的确切意思。

当然，还有一些例外。生活中的大多数事情都有例外。在一次非常有名的采访中，喜剧演员大卫·查普尔告诉记者安德森·库珀，他离开美国喜剧中心频道的喜剧小品节目的原因之一是一部分观众会“因为错误的原因发笑”。这是可以理解的，毕竟查普尔的节目很多都涉及到种族敏感话题。而且他也没办法停下来说：“你们是在和我一起笑呢，还是在嘲笑我？”从库珀对他的采访中获得的信息来看，他好像是担心人们会误解他的意思，并且会给种族关系带来无意间的破坏。

但是查普尔表演时所面对的观众要比你讲故事时所期待的观众要多得多。因此，你完全没有理由在故事中间停下来告诉我们你的意思。你不是在给一个幼儿念故事书；你是在给成人详细讲述生活中一个真实的故事。

重要的是你的故事以某种方式感动了我们。

不要纠结于要确保我们明白你的意思。

Q: 所以，我是不是应该传递给人们一个更深刻的道理，但不要听起来像讲道似的或多愁善感，又或矫揉造作？

A: 当谈到表演时，有没有人问过你："你的动机是什么？"我的意思是，通常当演员演一场戏时，他们会努力弄清楚为什么他们扮演的角色会以这种方式行事，也就是说，角色的"动机"是什么。所以，如果一场戏表现的是一对夫妇在喝咖啡，一名演员可以将刚刚从他的相好那里回来作为这场戏的动机。这名演员在这场戏里可能要做一些微妙的事来传递一种信息：他在掩盖什么或心烦意乱或想过度补偿。他的动机不会揭示给观众，但表演者是知道的，并且动机在促使他如此表演。如果演员不知道他的动机，这场戏或许只能被看作是两个人在喝咖啡并谈论他们的日子。

我们可以把同样的原理应用于讲故事。你的要点，或寓意，或深刻涵义应该是你了然于心的，是促使你把故事写下来和讲出来的动力。但在我看来，你应该把它留给你自己。就像在咖啡那场戏中，那个刚刚从他的相好那里回来，心里藏着秘密的演员从来没有停下表演，说："顺便说一下，我知道你认为我在谈论咖啡，但事实上我已经不爱你了，我爱上了别人。所以，当我说‘你还是想要纯咖啡吗？’的时候，我真正的意思是我已经对你感到厌烦了。”观众后来也许会把事情拼凑起来，也许不会。

无论你的通用主题是什么，你都应该只用几个词就解释清楚。这是你在讲故事时的秘密武器。你永远不用告诉别人。你有没有参加过一个瑜伽训练班，老师要求你从一开始就设定自己的目标？这就是你默默留在心里却能激励你行动的东西。这同样适用于你故事的通用主题。

通过把更深刻的寓意分层写进故事当中
来诱使观众听你的故事。
别让我们搞不懂。
把它写在你故事脚本的最开始，
并且只有你知道。

记住，让观众明白你的意思并不是那么重要，只要他们明白一个要点就好。重要的是你娱乐了他们，打动了他们，并影响了他们。讲故事不是心理治疗，也不是政治平台。有很多心理治疗师你可以去找，有很多政治集会你可以去参加。是的，讲故事是有益健康的。有好没有什么地方能和家相比。

不可能的友谊

讲故事
是有益健
康的。
心理治疗
也是。

多次，我在给一屋子人讲我生活中的一件事，引得他们因为我的不幸遭遇而发笑后，我的感觉就很好。但我不会用讲故事的时间去传播一个政治信息。那感觉就像我在滥用权利。

我准备更直率些。当有人对你说，“昨晚我做了一个最疯狂的梦——让我给你讲讲吧”，而你宁愿把自己的眼睛挖出来也不愿意被拴在那儿听故事，你知道这是什么感觉吗？直接跳到二十分钟后，他们还在讲类似这样的故事，“当那个魔法花椰菜说话的时候，我意识到那是我爸爸，他在告诉我应该继续前进。”笨拙地讲一个故事也是如此，因为你早已领会到那个故事是讲什么的了。我知道你在意你梦中的小狗就是自己，而这个梦的意思是你需要成为一个冒更大风险的人，如果那只小狗能重新站起来，也许你也能，也许你将重新找到爱情，这就是你的意思。但是讲故事时絮絮叨叨的自我意识会显得很拖沓。观众不关心这些。我们真正关心的是你悲惨的恋情（你可以别去管小狗），因为我们能理解它。也许我会把“知道什么时候退出”作为你的主题。也许另一个人会把“当我们相爱时我们都会做出糟糕的决定”作为你的要点。谁在乎呢？我们都喜欢你的故事，被它所影响，并因它而感到快乐。

讲你的故事

回想一个你生活中的小瞬间，结果它却变得很重要。例如，你负担不起梦想中的学校，所以，你决定去一所社区大学上学，在那儿你遇到了你的妻子。通过讲一个一开始好像相对简单的故事（没有足够的钱上大学），你诱使我们听到一个更深刻的故事，并把它变成一个重要的故事（找到真爱）。

我朋友，也是《脱衣故事会》的主持人，茱莉亚·罗兹讲了一个层次分明的故事，并因此赢得了飞蛾故事大赛总决赛的大奖。那是一个令人捧腹大笑的故事，从头到尾都在讲她和一个给她助唱的现场乐队一起唱歌的故事，她一直认为自己就是一个摇滚明星，最后她还真找到了那个感觉。她给我们讲述了她唱歌时是多么快乐，然后她带我们走进了那个时刻，当她走下台，突然哭着对她的朋友们说："我要离婚。"这是一个精心编织的故事的完美例子。我们认为这是对一个值得记忆的夜生活的有趣的讲述，但事实是它象征着她整个婚姻的终止。慢慢地，我们意识到在那个时刻，歌唱是她这一年里第一次感受到了自我，以及很大程度上对是自己的一次释放。讲述这个故事的另一个方法，可能是带领我们一步一步地、痛苦地走过她婚姻死亡的过程，并重复地说着："不应该是这样的。"这个版本是心理治疗性的，而茱莉亚的版本是在讲故事。

对于每一个刚刚从我音乐中流露出来的东西
我都有很多观点。
这对我来说就像是一场战斗。
我竭力不去像讲道似的。
那是很危险的。

——尼尔·扬，音乐家

我认为很多笨拙的故事通常源于缺乏自信。讲故事的人不相信他/她的故事能成功，所以他/她经常会强行讲出故事的要点。就我个人而言，我看了四季电视节目《豪斯医生》[①]后才注意到豪斯医生受到了夏洛克·福尔摩斯的启发，而威尔森医生则是受到华生医生的启发。我是说，他们的名字甚至都来自福尔摩斯和华生！但是，虽然如此，我还是很喜欢这个节目。但事实上，在我发现创作者的意图后，就不再喜欢这个节目了。

我还认为，将一个要点强加给观众就变成了控制。你无法掌控某人是否明白你的意思或发现某事很有趣。有时事情只是从我们脑子里过一遍，有时我们理解了，而有时我们并不理解。有时我们在处理自己的事情，想从一个故事中找到某种意思来适用于我们当时的情形。放弃想控制观众的想法吧。

音乐家们已经真正地表达了让歌曲自己传达意思的概念。许多风行一时的歌曲当时并没有引起我们过多的注意，因为没有人明白它们真正想表达的意思。如果这些歌曲的含义再微妙些，它们可能从一开始就不会在电台播放。

· 布鲁斯·斯普林斯汀的《生于美国》——这不是一

① 《豪斯医生》（*House M. D.*）是一部美国电视医务剧，由大卫·萧尔（David Shore）原创和担任执行制片。该片于 2004 年 11 月 16 日在福克斯电视网首次播放，并获得多项皮博迪奖和艾美奖。——译者注

试图控制观众的反应从本质上来说是想控制他们的感情，那是不可能的。

首“我爱美国”的颂歌。这是一首关于一个从越南回来的工人阶层的人被自己的国家所厌弃的歌曲。

· 麦当娜的《物质女孩》（彼得·布朗和罗伯特·兰斯创作）——这首歌不都是讲女孩们应该怎么追求有钱男人，相反，它是讲女孩想跟一个有自己事情可做的男人谈恋爱，这样，这个女孩就不用一直将注意力全部集中在他身上了。但是他们在标志性的视频里都聪明地隐藏了这一点，不是吗？

· 警察乐队的《你的每一次呼吸》（斯汀作）——这不是一首永远为某人守候的甜蜜的爱情歌曲，相反，它洞察了一个占有欲很强的恋人的思想。

· 第三只眼睛失明乐队的《半魅力生活》——这首歌关于一次毒品狂欢里的一个男人和一个女人。在这里我要告诉你们，在大学里，我参加了一场表演，和着这首歌跳了一段迷人的、欢快的踢踏舞。一首关于毒品的歌曲！

所以，当你在创作一个有着更深刻涵义的故事的时候，想想音乐的巧妙之处。有更深刻的涵义当然好，只是要让它自然地流露。

一种力量越是有效率，
越是悄悄的、微妙的。

——圣雄甘地

第八章

视角

我妈妈想让我们明白
生活中一天里发生的悲剧
有可能成为第二天的喜剧。

——诺拉·依弗朗（Nora Ephron），
记者，编剧和导演

我们经常告诉别人要渡过难关，“有一天，这会成为一个伟大的故事”。许多人都相信，处境越黑暗，最终越有可能成为一个好故事。我也同意他们的这种说法。

斯波尔丁·格雷是一个演员，他成了他称作“自传体独角戏”的先驱。他的“自传体独角戏”就是把他生活中长篇的、真实的故事直接讲给他的观众。格雷喜欢坐在桌子旁讲话，只有那杯带有他自己商标的水作为道具。八十年代他进入主流，取得了成功。在本书剩下的部分，我会经常提到他，因为他是我们所知道的最接近"剧院故事会"创始人的人。

当生活令人愉快的时候，斯波尔丁·格雷挣扎过，因为那段时间他经常觉得没有灵感。格雷说他大多数的独角戏都"基于危机"。我想他也许会赞同我的说法，即生活可以被分成两类：一段好时光和一个好故事。

一些曾经讲过的最伟大的故事都来源于好像最不可笑的事件。

· 诺拉·依弗朗在她丈夫卡尔·伯恩斯坦出轨致使他们的婚姻解体后写了那本半自传体小说《心悸》（*Heartburn*）。随后，她把它改编成电影。你也许听说过担当主演的演员的名字：杰克·尼克尔森和梅丽尔·斯特里普。

· 斯波尔丁·格雷的独角戏《格雷的剖析》（*Gray's Anatomy*）写了有一次他得了罕见眼病的故事。他没有详细地用医学术语讲述他的经历，相反，格雷带我们走上了一段亦庄亦谐的寻求答案的旅程。这出独角戏成了史蒂文·索德伯格执导的电影，并出版了一本书。[①]

① 不要与梦幻先生的《实习医生格蕾》搞混。我从来没看过这部电视剧。

· 大卫·赛德里在终止了与王颖导演的电影合约后写下了最动人、最具标志性的文章之一，《跟我重复》。王颖导演当时已经开始拍摄这部基于赛德里的故事制作的电影了。这差不多就是把一个灾难转变成了一个出色的故事。后来这件事被写成《给你的家人穿上灯芯绒和牛仔布》（*Dress Your Family in Corduroy and Denim*），且在出版后成为畅销书。

我向你保证，上当受骗、丧失你的部分视力和做出可能会毁了你事业的一个决定在那个时候都不好笑。因此，我们怎么能从这些不幸的事件中创作出引人入胜的故事呢？

把生活中的不幸变成神奇故事的步骤

1. 在事情发生后和把它讲成故事前要留有时间。

我无法告诉你把让你生气的事情讲出来之前所需要的准确时间。没有一定之规。过去的这个星期，我在台上讲了一个关于两天前的那个晚上发生的事，我已经笑得不行了。相反，我从来没在台上讲过我二十出头时的一段恋情。尽管过去了那么多年，我就是找不到那段恋情的可笑之处。所以我选择不讲那个故事。

你讲故事的时候能做到没有强烈的生理反应吗，比如颤抖、心跳加速、转换成“生气的语调”或大哭（我在这里不是说变得眼含热泪；我是说那种使出全身力量，哭得黑色的眼线流得满脸都是的大哭）？如果你能，就说明你已经在足够长的时间里让事情过去了。如果你现在发现曾经好像是悲剧的东西只不过是滑稽可笑的，那就大胆尝试吧！

2. 你已经继续前行了吗？

你需要走出困境，而不是陷进去。真的，想想吧。我曾经听过枪炮与玫瑰乐队的贝斯手达夫·麦克凯汉讲的一个故事，说他差点儿就因为使用毒品和酗酒而死。他讲了他是如何重新开始生活并成了一个完全不同的人，连他自己都没有想到。很明显，他已经走出了困境——这几十年都保持清醒，幸福地结了婚，并有了两个孩子。如果他仍在与毒品问题搏斗时就讲他吸毒成瘾的故事，那个故事有可能会变成这样："我做过冒险的事，疯狂的事，差点儿死了，现在让咱们来看看吧。"他可能不确信自己会变成这个世界上的一个清醒的人。他不知道下一刻会发生什么。现在，麦克凯汉能把他的吸毒岁月当作生命中一个单独的部分来反省。他已经继续前行了。

3. 真的过去了吗？

你正在转换自己的事业，从一位律师变成一家陶器店店主吗？你说你多么恨法律，说你正在考虑开一家陶器店，但又不知怎么办，而且你现在还缺乏资金。听你讲这样的故事，你的观众并不会满意，因为这个故事没有结尾。我们想听你是怎样离开令你不愉快的法律界并且成功地转型去做一份不那么赚钱但却令你满足的工作的。我们想从中受到启发，因为你已经自己弄明白了。我们不在乎你是否过得好。这种处境应该有个结尾。

4. 你能回过头来，看看那次事件到底是怎么回事吗?

在你故事的这个点上到底会发生什么？请看下面的例子：

在我刚搬到洛杉矶的时候，我是想做演员的。在纽约时我在这行已经取得了一些成功，所以我觉得那应该是一次很容易的转变。然而，我去上了洛杉矶的一个表演班，在那儿我被老师从团队中请了出去，并且被私下告知我太“胖”了。我受到了侮辱，于是开始了一次严格的无碳水化合物的减肥，这使我几天以后到一个饭馆点了牛排串，结果被牛排噎着了。一个好心人对我实施了海姆立克急救法，他试了三次，在第二次和第三次之间我真的觉得我要死了。后来那个给我实施海姆立克急救法的人告诉我他是海姆立克的一个远房亲戚，他一辈子都在等待这个时刻。

如果那个教表演的老师没说我胖，这一切都不会发生。我会像平常一样点一大份煎鱿鱼，而不会被噎着。后来，这次梗塞事件对我成了一种预示，告诉我在洛杉矶当演员可能不适合我。然而，当牛排还在我食管里的时候，我肯定看不到大局。第二天，带着疼痛的胸腔和突如其来的对牛肉制品的恐惧，我仍然看不到大局。我需要向后退一步，去审视一系列现在看起来非常滑稽的事情。

小测：你应该讲这个故事吗？

1. 你刚刚被诊断得了睾丸癌。医生很乐观，因为你得的病还在早期，并且有 99.2% 的病人可以治愈。这是你所经历过的最困难的事，但是来自家人和朋友的支持令你十分感动，所以你想谈谈。

☐ YES ☐ NO

答案：否

为什么？因为我说过：“你刚刚被诊断得了睾丸癌。”你正处于故事的开始阶段；离结束还远着呢。你正在经历一些事，而不是要回想它。而且，当你讲这个故事的时候，你会很难控制情绪。等等吧。

你的一些读者可能会想："喜剧明星蒂戈·诺塔罗那个有名的单口喜剧就是以2012年8月以后的事为背景，讲述了她失去了母亲，经历了婚姻的破裂，又被诊断得了乳腺癌。这些事几乎同时发生。那怎么讲呢？就在几天前她才发现自己得了癌症，但她仍然把故事讲得让人觉得有趣。"

我的回答是我这本书里讲的每件事肯定都有例外。只要记住它们是例外，而不是标准就好。还得记住，在讲这个故事的时候，蒂戈·诺塔罗已经表演单口喜剧很多年了。她是个老手。我不建议初登舞台者冒这个险。

2\. 你的工作是做邪恶的西北女巫的私人助理。这份工作快把你逼疯了。你有很多例子证明为这个女人工作是一场噩梦。昨天她当着你的面给她的心理治疗师打电话，却坚持要你给她拿行李，这终于使你不堪忍受。你辞职了！

☐ YES　☐ NO

答案：是

我同意。听起来这个故事有开头，有过程，并且有结尾。那份工作也许一开始还不错，后来警告的迹象一再出现，临了终于成为压死骆驼的最后一根稻草，你不堪忍受了。你一定对这个选择感觉良好，并且知道以后无论发生任何事都不会比这更糟了。所以我认为你会让观众受到启发并且觉得这是个完整的故事。即使只过去了一天，你已经因这次经历而发笑了。

3. 你的婚礼是一场灾难。虽然已经过去三年了，然而让你失望的朋友、自私的亲戚和令你后悔的过度消费却还让你记忆犹新。这里面有一个极好的故事，而且已经过去三年了，可能是时候把它讲出来了。

☐ YES ☐ NO

答案：否

是的，三年已经过去，但是听起来你还没有让这事过去。这个故事可能会变成一次大喊大叫的声讨，太多的抱怨会使人失去兴趣。

> 昨天的不寻常
> 是明天的原因。
> ——亨特·S. 汤普森，
> 《诸神的诅咒》，
> 记者和作家

视角的另一个方面是许多人称作“声音”的东西。使一个情形与众不同和有意思的不是情形本身，而恰恰是你对它的看法。

讲你的故事

我最近开始在课堂上做的事（而且我建议你下次和一群人出去的时候也可以试试）是填空来完成这个句子：

我又热又渴。排队时站在我身边的人让我抿了一口他的水，于是我想 ___________________。

我刚刚在班上做这个练习时，答案从“为什么这个人要毒死我？”到“多好的人啊！谢谢你！”什么样的都有，五花八门。一个人对这件事的反应可以告诉我们他是个什么样的人。那个认为他被下毒的人比那个认为他得到了一个好心的陌生人帮助的人对这个世界有更多的厌倦情绪。然而，如果这两个人不告诉我们他们对这件事的看法，我们永远不会知道这两个人是厌倦了还是吃惊了。如果没有不同的看问题角度，那个故事就简单地变成了：我又热又渴。排队时站在我身边的陌生人让我抿了一口他的水。

"其他孩子嘲笑你吗？
因为你说话的方式？"
"有时候。"
"那你为什么不做点什么呢？
你可以学着用不同的方式说话。
你知道的。"
"但这是我的声音啊。
不然你怎么能分辨出是我在说话呢？"
——《忽然七日》，劳伦·奥利弗

我永远都忘不了那个大学刚毕业的可爱的女孩，她来自斯塔顿岛，在纽约时上过几次我的课。在一个特别的故事里，她详细讲述了一次糟糕的约会。但还不至于如此灾难以致像《四十岁老处男》①里的场景那样，只是有点儿无聊。那个故事拖沓了一段时间，直到她操着浓重的斯塔顿岛口音说："然后在晚饭时分他开始询问有关我的一切……我不喜欢这样。"这个班都笑疯了，我自己也是。请原谅我的一般判断，但是什么样的女人会不喜欢谈论自

①《四十岁老处男》（*The 40 Year-old Virgin*）是一部由贾德·阿帕图执导，史蒂夫·卡瑞尔、凯瑟琳·基纳主演的爱情喜剧电影，于2005年8月在美国上映。该片讲述了事业有成的安迪年过四十却从没有和女性交往的经验，朋友们想方设法帮助他尽快摆脱处男身份的故事。——译者注

不是发生在你故事里的事件让大家觉得有趣，而是你对这些事件的反应。

己呢？特别是，什么样的女人在和一个男人约会时会不想让他对自己的生活感兴趣呢？这不是大多数人正在寻找的吗——一个愿意听我们说话并询问我们生活的人？这名学生对谈论自己没兴趣的事实给出了一个如此独特的视角，以至于一个相当无聊的故事突然变成了一个令人捧腹的故事。

讲故事时我喜欢做的另一件事就是想想我那个时候什么样。我知道这很难，但是尽量不要用你现在的成人的或成熟的视角，想想那个时候你可能会如何反应。

在我的故事“一个非常小的成年人”里，我讲了我十二岁时和一个三十岁的银行出纳之间的交流。我说他把下班的时间都花在“数成堆的新钱”上了。我现在当然知道银行出纳不是有着堆成山的现金、要与史高治·麦克老鸭[①]比个高低的满身铜臭的人。但是十二岁的时候，我认为那个银行出纳得在他们的柜台里存放很多他们处理的钱（在新泽西，我长大的地方，加油站的工作人员会为你加油。那个时候，每个工作人员都会有一大卷现金，好在每次你付钱时拿出来找钱。那时我相信这些钱都是他们要留的，那些加油站的工作人员是世界上最富

① 史高治·麦克老鸭（Scrooge McDuck）是迪士尼创作的经典动画角色之一。是一只鸭，有橙黄色的嘴、脚和蹼。在故事里，史高治被塑造成全世界最富有的鸭，然而他仍不断去扩充自己的财富，而且十分吝啬，爱钱如命。

有的人）。

把自己带回到故事发生的时候：当时你的自尊在哪儿呢？那时你是不是过分自信，以至于现在看起来很幼稚？那时你是不是没有安全感，很害怕这个世界？想想你参加过的工作面试，那时你是不是太狂妄自大同时又缺乏经验，以至于你认为自己已经板上钉钉了，但事后却意识到你完全搞砸了？这些视角都可以给一个故事增色不少。

讲你的故事

把你每天早晨都习惯做的事写下来。

即使你不是一个按惯例做事的人（比如，一个自由作家而不是一个每天都要重复同一项工作的人），仍然会有很多你每天早晨都要做的事，比如喝咖啡、查电子邮件，等等。

对于我来说，我早晨的惯例是这样的：

6:45 我儿子在他的房间里喊着“妈咪”把我叫醒。

6:47 我去把他从婴儿床里抱出来放在便盆上。

7:01 我们去卧室向爸爸和狗狗说“嗨”。

7:01 我们懒洋洋地躺在床上，像一家人一样。

7:15 我丈夫出去遛狗。我和儿子去厨房，喂鱼、喂狗，给儿子做早饭。

这样写很单调，你读起来也肯定很无聊。现在，把你早晨的惯例写下来，要有对发生的每件事的观点和反应。我想知道你对于这些事的想法或内心独白。下面是我的：

6:45 我儿子开始喊“妈咪”的时候，我还睡得很沉。为什么他从来不叫爸爸？我待着没动，希望我丈夫能主动去儿子那里，我好再睡五分钟。没有，我丈夫快乐地打着鼾；他甚至没有听到我们的儿子在叫。我希望我就是那个一沾枕头就着、什么也吵不醒我的人。可惜我不是，我睡得很轻，只能在床上躺着。尽管有一次我坐了超过二十四小时的飞机去澳大利亚，在飞机上都没睡着。哦，他现在真的哭了——我需要进去看看。

6:47 我走进儿子的房间。我真是个混蛋。他是那么可爱，看见我他是那么高兴。他的头发像那样乱蓬蓬地，那么讨人喜欢。我真应该早点进来，但我没有。好吧，我们去便盆那儿。当他想尿尿的时候，请不要让他向我请求看《嘎巴宝宝》[1]！那些歌会嵌进我的脑子里，挥之不去。那是我很难入睡的一部分原因。你甚至能明白当“我肚子里的聚会”在你的脑子里循环播放时多么难入睡了吧？他真的在便盆里尿尿了。我现在还惊讶于我们成功地训练这个蹒跚学步的幼儿用便盆。就是这样，对吧？那是做父母的最后的大障碍吗？请告诉我它是做父母的最后的大障碍。他只有两岁，而我已经筋疲力尽了。

我能一直讲下去，但是你明白我的意思了。原来对那些事情的无聊的背诵现在已经变成一个故事的幼苗。或者，由于我对日常琐事的视角发生了改变，使得你至少觉得比以前更了解我是一个什么样的人了。

另一个人可能会这样写同样的事情：

6:45 我被儿子叫醒了。他在喊“妈咪！”。我跳下床去看看他是否一切都好。呦！他没死在睡梦中。我什么时候才能不担心这个？像这样已经两年了。

6:47 我把他抱出婴儿床，放在便盆上。我还在等他往

①《嘎巴宝宝》（*Yo Gabba Gabba!*）是一部结合动画、人偶、真人的美国儿童剧，是为学龄前儿童和父母准备的新奇节目秀。在节目中，有独特可爱的人物、电子打击乐原汁原味的曲调、离奇的动画以及朗朗上口的歌曲。——译者注

便盆里尿尿。我不知道我训练他用便盆的方法是否正确。书上说他应该在四十八小时之内就懂了，但现在已经两周了。好吧，他尿了。也许他只是多需要一秒钟。记得书上说过小便延迟。转念一想，我也许应该读另外一本关于便盆训练的书。

就像你看到的那样，每当提到做父母，总会有另一个人比我更紧张。但是，如果我们只是叙述了发生的事情，而没有表达个人的看法，你可能永远不会知道我们的个性是怎样的。

银幕表演是一种反应。

——约翰·韦恩，演员[①]

① 啊，韦恩先生，讲故事也是一样！

第九章

人物（角色）

如果我继续站在这儿，
看着观众。
我可能会说些什么？

——斯波尔丁·格雷[①]

斯波尔丁·格雷在冒险做我们现在叫作讲故事这个行当之前，在1972年的日记里写下了上述问题。我喜欢他的这个主意，作为戏剧中的人物站在舞台上，想着是否可以作为自己站在观众面前，那样是不是很

① 在他的导演指南里，《犯罪的牙齿》独白的结尾处他放下自己的角色，只是站在那儿看着观众。

有趣？我打赌你一定也这么琢磨着[①]。

Q: 如果我站在会议室、大学校友会、教会退修会等众人面前，只是作为自己说话，我能表现得很有趣来吸引他们的注意力吗？

A: 是的。但是首先，让我们先确认你是谁。让我们深入探讨一下如何塑造你的具体特征。你也许想把你持久的特征用在对你有利的地方，也许想承认那些明显是你的特征，这样就不会使你分心。那么继续吧。

例如，我曾经把一瓶百威清啤从一个危险的角度掉到了我的脚上，砸伤了脚，弄碎了骨头。我恨啤酒，并认为百威清啤很讨厌，而且当这件事发生时我并没在喝。我弄伤了我的脚只是因为我要把一瓶百威清啤从屋子的一端拿到另一端。我从小腿到膝盖都打上了石膏，因此这会让我演出时分心。而我只要在每一次现场故事的开头会说，“我弄伤了我的脚，石膏会在六个星期后取下来，到那时我会好的。无论如何……”人们就把注意力集中在我的故事上

① 这肯定非常有趣。格雷凭借着他的自传体独角戏《游向高棉》获得了奥比奖和古根汉姆基金会研究学者奖，后来被改编成电影，由未来的奥斯卡获奖导演乔纳森·戴米执导。

而不再注意我的脚了。

另一方面，我曾经参加过布鲁克林的飞蛾故事大奖赛，一个公开的讲故事比赛。一个戴眼镜，穿着粉色和褐色菱形花纹毛衣的矮个子男人上来讲了他的故事。他看上去瘦弱不堪。但是他一张口，人们就能听出他有一副像基弗·萨瑟兰[①]一样沙哑低沉的嗓音。然后他就投入地讲了一段他在一个大牧场生活的故事。所有观众，包括我，都有这样的感觉：发生什么事了？我们看见的和我们听见的不匹配。几个人讲完故事以后，又上来了一个面色苍白憔悴的人。他开始讲故事，说："我知道你们都觉得我长得像个素食主义者，但是我试着吃了一段时间素，可是受够了。我也知道你们觉得我看上去像得了癌症的病人，但是这个我也受够了。"一场大笑过后，他讲述了一个非常有意思的有关患癌症的故事。最后他赢得了比赛。

第二个讲述人的外表已经给大家展现了他是一个什么样的角色，他很好地利用了这一点。第一个讲述人则表现得正好与他已经拥有的相反。如果那个穿菱形花纹毛衣的人说了这样一番话——"我现在在出版社工作，很显然，因为我还能在其他什么领域里因为穿粉色菱形花纹而被认

① 基弗·萨瑟兰（Kiefer Sutherland），1966年生于伦敦，加拿大籍影视剧演员，因在美国电视剧《反恐24小时》中饰演杰克·鲍尔而闻名。——译者注

为有优势呢。但是在搬到纽约之前，我实际上在一家大牧场工作。”——观众可能会在这样一个开场白后变得更加投入。

我的一个叫丹妮尔·佩雷斯[①]的学生是一个单口喜剧演员。她最近在我的课上很好地概括了我的观点。她说：“在我上你的讲故事课之前，我觉得我不得不花所有在台上的时间谈论有关我怎么坐了轮椅的事，因为这是每个人最先注意到的。这就像我不太能完全忽视在我的素材里也用到轮椅。现在我所做的是很快承认那个轮椅，然后继续。这样做效果好极了，并且现在我可以投入我真正想讲的东西了。”

研究表明我们中的许多人倾向于将我们遇到的人归类，即使我们不想那样做[②]。

所以，我们要把讲故事当作是在构建社会情境。如

① 声名狼藉的《价格猜猜猜》节目的跑步机赢家。

② 更多关于这方面的内容，可以查看《盲点：好人隐藏起来的偏见》（*Blidspot: Hidden Biases of Good People*）。在这本书里，心理学家马扎林·R.贝纳基和安东尼·G.格林沃尔德深入探讨了隐藏的偏见。这是基于他们对于内隐联想测验的经验。你可以在网上做这样的测验。

果一个朋友谈论的都是她是一个女人或是一个美国黑人，或是一个单亲父母，或离婚了，等等，你很可能会觉得厌烦。但是如果在十年的友谊当中，你的朋友从来没有承认过或说过他/她的性别、种族、家庭或婚姻状况，那你们的友谊看上去好像有一点儿是单向的和没有人情味的。我不是说要用“我是一个女人”来开始每一个故事，或者讲十二个不同的故事，专门叙述作为一个女人要进行的斗争。但是如果你是个女人，而且你在讲一个有关你决定成为一名警官的故事，那在故事里把你家里的女人曾经有过的工作的历史都提到，特别是如果你来自一长串家庭主妇和全职妈妈的家庭，那将会很有趣。一名女警官，正在追求与她的家庭传统性别角色完全相反的角色，这样的故事比单纯的“一个有志气的警官”的故事要有趣得多。对于人们可能在思考的东西，你自己有一种导向性的陈述，而通过把这种陈述列入到故事当中，你就增加了戏剧性，并在掌控你的观众已经在潜意识里形成的、但往往不正确的结论。

关于如何把人们的思想引导到你真正想谈的事情上，这儿有一个好例子：我在怀孕八个半月的时候有一次上了台，去讲一个与怀孕无关的故事。如果我不说明我面前这个大肚子，不管观众想不想证实，可能都会对我的状况做出一个仓促的判断。“她快生了。她在这儿干什么？为什么她不休息？”或者“她真幸运，她马上就要有一个孩子了”，又或者“我猜想什么时候她的孩子会生”。我走上台，说：“我来之前刚刚和我母亲通了电话。她对我说，‘你知道，玛格特，我怀孕八个月的时候，就开始减掉婴儿体重了’。”观众同情地发出叹息声。我继续说道：“所以我的一天就是这么度过的。我真的想谈谈怀孕以外的任何事，那么就开始吧……”

如果我花一整场演出的时间谈论怀孕，很可能会令人厌倦。如果我不承认这一点，可能会成为一个众所周知却又避而不谈的问题。所以，就像前面提到的那个学生说的：承认它，然后继续。

讲你的故事

这个练习最好在一个小组第一次见面时做，作为活跃气氛的方式。让每个人轮流走进教室，并且在其他人面前站三十秒钟。不允许说话、跳舞、做鬼脸等等。先坐下的人要写下五个非常具体的对站在他们面前的这个人的第一印象——越具体越好。不要用宽泛的、不会冒犯人的描写，比如“很好”，也不要描写这个人的身体，比如“太瘦”。相反，写下非常具体的对这个人的猜测，比如“喝菊花茶”，“弹钢琴”，或“从来不会忘记生日”。你会很惊讶我们在看见他们的第一瞬间能推断出多少关于一个人的信息。

我做这个练习的目的就是向未来的讲故事者展示他们的观众在看见他们第一眼时的印象。如果每个人都在想，“看起来他大学时打过橄榄球”，而事实上你真的打过，为什么不在故事里提到呢，即使你的故事是关于做父母的。例如你可以说：“我想起了那些年在橄榄球场地被大学生运动员猛击的场景，因此决定我不能在与我那个五英尺高的十五岁女儿的斗争中输掉。”那句话解释了在你正在描述的争论中你为什么要这么做，这比说“我和我女儿有不同意见，而且我真的为此而斗争过”要有用得多。在第二个句子里，我们不知道你是个什么样的人；在第一个句子里，我们知道你以前是个大学橄榄球运动员，现在正经历着来自青春期女孩的考验和磨难。通过承认我们大家可能已经猜想到的，你成了一个更清晰的人物。

怀孕的时候在电视直播里表演喜剧小品
就像戴着一顶墨西哥的宽边帽。
你能假装严肃，但是那顶大帽子出卖了你。
——艾米·波勒，喜剧演员

讲你的故事

想一本书、一首歌、一部电影或一个电视节目，里面有一个你与之有着强烈联系的人物，试着发现具体是什么让你们联系在一起的。所以，我们可以说你已经感觉到对《情到深处》[①] 里的劳埃德·多布勒有着一种特殊的亲切感。试着找到那份剪报，上面举例说明了你最喜欢的劳埃德的品质。研究一下这份具体的剪报，将你在劳埃德身上看到自己的准确原因挑出来。

①《情到深处》（*Say Anything*）是1989年卡梅伦·克罗执导的美国爱情剧情片，讲述了一个完全没有人生目标，终日只会和女孩子厮混以及打泰国拳的高中生劳埃德立志要追到同届品学兼优的富家女的故事。——译者注

当我做这个练习的时候，学生们经常会选择关于一个人物的一篇剪报或一段文章来举例说明他们想成为的人。我已经记不清有多少次问过学生：“你真的是一名牛仔吗？”或“到底是什么使你觉得这个叫罗伯特·雷德福的人和你一样？”。或者，我个人最喜欢的，“你与演牛仔的这个罗伯特·雷德福到底有多像？”看看，我们都想成为罗伯特·雷德福。但是要想找到一个真的像你的人物确实是个挑战。请朋友或家人给出建议可能会有帮助。如果这个练习把你难住了，试试下一个。

讲你的故事

列出和你有相似之处的三个人物，再列出三个你想成为的人物。

巨大的差别通常是非常有趣的。这甚至是你讲故事时能包含进去的东西。“我想象自己是‘《老友记》里面的瑞秋’那个类型的，但事实上我更像‘寂寞的咖啡师巩特尔’

那种类型”。

借助我想成为罗伯特·雷德福的豪言壮语，我发现有趣的是，不断会有这样的学生，他们想成为像杰奎琳·肯尼迪[①]，米歇尔·奥巴马和瑞恩·高斯林[②]那样的人，然而没有人曾说过他们真的与这些时髦的、成功的、看上去完美的人能有什么联系。我也发现许多学生说他们与《我为喜剧狂》（*30 Rock*）节目里的丽兹·莱蒙（蒂娜·费的角色），《小屁孩日记》（*Diary of a Wimpy Kid*）里的格雷格·赫夫利和《天使爱美丽》（*Amelie*）里的女主角有很多相似之处。

我们会把自己与那些会表露自己的真诚、缺点等一切的人联系起来。因此，你在讲故事时应该努力表现出最真实的自己。

① 杰奎琳·肯尼迪（Jackie Kennedy）：美国前第一夫人。——译者注

② 瑞恩·高斯林（Ryan Gosling）：1980 年 11 月出生于加拿大安大略省，演员、歌手、导演，2016 年主演了电影《爱乐之城》。

讲你的故事

填空。你的回答不必彼此一定有关联，但是它们彼此之间可以有联系。

我是那种会 ____________________ 的男孩/女孩。
我从不 __________________________。
但是我总会 ___________________________。

对于我来说，答案是：

我是那种会马上换台的女孩，以避免播放被虐待的或濒临灭亡的动物广告时会哭泣。
我从不去犬类收容所(因为我情感上受不了)。
但是如果我能留出一部分钱的话，总是会捐给动物慈善组织。

讲你的故事

这个练习的第二部分是去讲一个故事来证明这些表述之一是真的。准确地指出这个表述体现的你自身的特点或品质，并讲一个与之相关的具体的故事。

例如，几年以前，我接二连三地看了 HBO 的《火线重案组》（*The Wire*）的每一季。在第四季里，剧情围绕着巴尔的摩市中心的公立学校体系遇到的危险展开。在结尾处有几个充满暴力和犯罪的镜头，描写了这些孩子在一大堆不利条件下拥有什么样的未来。看了这部剧后，我难过了一个多星期，总是忍不住想那个体系是多么糟糕，可又觉得什么忙都帮不上。后来有一天我突然想到——我救不了巴尔的摩的孩子，但我可以救一条狗。我上了犬类营救网站，查看想让一条狗在救助站免于被杀掉的命运要花多少钱。我发现这在我的预算之内，所以就匿名寄去捐款，救了一条狗。慢慢地我发现自己可以给这个世界带来一些小的变化。

使你的故事受欢迎并把自己定义为一个角色的最好的方法之一就是利用那些令人怀念的细节。那天我正和一个学生一起工作，她说她童年时迷恋过很多东西。我问她具体迷恋谁，她说："迪士尼的公主们。"我说："哪部电影的？"她说："《小美人鱼》里面的公主。"这些话使我记起了属于她的那个青少年时代的一些事情。那部电影是 1989 年出品的，所以我们现在可以想象她一边在她的偏马尾辫上绑发圈，一边为《小美人鱼》里风靡一时的公主而倾倒。如果她说，"我过去迷恋《花木兰》里的李翔"(《花木兰》是在 1998 年才出品的)，我们对她的印象可能会是穿着平底帆布鞋和又肥又大的裤子，在那里为这份卡通柔情而倾倒。这两个意象比简单知道她童年有迷恋的东西要有意思得多。

使你的故事成为只有你能讲的故事的方法是你如何清晰地把自己定义为一个角色。

增添怀旧的氛围也是使观众开怀大笑的一个好方法。我来讲一个我边听着蓝色少女组合[①]的歌边在宿舍里哭的故事。那个故事总能使观众大笑。正是这个使人想起过去的细

① 蓝色少女组合(the Indigo Girls)是一个美国乡村摇滚音乐的双人组合，格莱美奖获得者。——译者注

节直接把我们带回到一段时光，而不是“我边哭边听音乐”。而且它使我成了一种特定的人。那个边哭边听芭芭拉·史翠珊的《往日情怀》的人完全不像我这样的人，会边哭边听蓝色少女组合的《两个人的力量》的人才是我。我前面提到的学生可能会边哭边听《你世界的一部分》。无论哪种方法，如果我们加进去这些使人想起过去的细节，我们都会更了解讲故事者。

我教过各种年龄的人，人们经常会担心如果观众没有和他们成长在同一个时代，那他们就不会明白过去的事指的是什么。好吧，我向你保证，你恰好能给跟你一样年龄的一群人讲故事，这样的事不太可能发生。即使你的观众以某种方式神奇地跟你年龄一致，也不可能每个人都记得那个时代你们做过的同样的事。所以，我能说的就是，你就致力于讲你的故事并且生动地“销售”你的记忆。我发现如果一件事对你来说值得回忆，那它很可能是我们都能意识到的时代思潮，不管我们的年龄怎样。所以无论你一边把头发梳得平展准备去约会一边听着琼妮·米切尔[①]的

① 琼妮·米切尔（Joni Mitchell），加拿大人，有着重要影响力的传奇音乐家、画家、诗人、视觉艺术家和社会观察者，被公认为历史上最伟大的女性创作歌手。在 2002 年，米切尔获得了“格莱美终身成就奖”，格莱美奖形容她是“摇滚年代里最重要的女性音乐人”以及“对所有艺人有着强大影响，充满多样性、创造力与正直态度”的杰出艺人。——译者注

歌，还是你在准备去约会，一边往刘海上喷发胶使它保持直立一边听着白蛇乐队[①]的歌曲，大部分的人都会明白你的往事指的是什么。他们会比简单地知道“准备好了去约会”得到更清晰的意象。

在你的故事里添加往事的方法

- **你那时穿着什么？**

要具体。我刚好和一个人就九十年代初那些人造丝的皮条客西装大笑了一通。它们通常是藏蓝色或深黄色或茄子色，事后想来，它们很滑稽。如果把它加进一个发生在那个年代的故事里，会是多么有趣啊——“我为那次盛大的舞会做了准备。穿上我最好的西装……我从头到脚都穿着紫色的衣服，我只知道那天晚上我不会一个人回家。”

怀旧唤起了我们已经完全忘记的往事，而笑话我们过去穿着的不得体很好玩。你那时穿的衣服给我们展示了那时你是个什么样的人。对于一个发生在八十年代初的故事来说，你可能穿着带钉的皮夹克，或帆船鞋和马球衫。这些使我们想到两个完全相反的角色。想象一下，通过描写

① 白蛇乐队（Whitesnake）是美国的老牌重金属乐队，作品从 20 世纪 70 年代一直到 80 年代末，秉承老式金属的一贯风格，曲风粗犷、感性、细腻但不做作，有着流畅的旋律， 80 年代末曾解散。——译者注

一身衣服就能准确地传达你是谁。

· 放的什么音乐？

如果你不能准确地记起放的什么音乐，那就回想一下在那个时候可能会放什么。在一个有关舞会的故事里，你和着五绸缎乐队[①]的《在这寂静的夜里》跳着慢舞，在另一个有关舞会的故事里，你和着辛迪·劳帕[②]的《无数次》跳着慢舞。这两个故事使我们所有人都能想起历史上两个非常具体又非常不同的地方。

· 你坐的哪种车？

如果在一个故事里，车起着非常重要的作用，那么加入有关车的细节能给我们展现很多你的个性，甚至你的经济背景。所以讲故事的人经常说："然后我们都挤进了车里。"我问："什么样的车？"因为如果你们都挤进了你继父 1982 年的丰田卡罗拉而不是你崭新的宝马敞篷车，那会是完全不同的景象。

① 五绸缎乐队（the Five Satins）是美国一个合声重唱组合，他们最有名的歌曲就是 1956 年发行了一百万张的《在这寂静的夜里》。——译者注

② 辛迪·劳帕（Cyndi Lauper）1953 年 6 月 22 日生于纽约，美国创造歌手、制作人、演员、同志权利运动家，于 1985 年获第 27 届格莱美音乐奖年度最佳歌曲等四个奖项提名，并勇夺最佳新人奖头衔。——译者注

· 你的偶像是谁？迷恋的对象、榜样、英雄又是谁呢？

“长大以后我想变得很酷”和“长大以后我想成为像《救命下课铃》[1]里扎克·莫里斯那样的人”，再和“长大以后我想变得很酷，就像贾斯汀·汀布莱克[2]那样。我甚至要漂白我的卷发以给我的生活带来些超级男孩的运气”对比，有多大的不同啊。

· 你吃了什么、喝了什么？

我朋友珍娜·布里斯特是一个非常风趣的讲故事人。有一次她讲了一个故事：她从学校回到家，像往常一样吃了些小点心“喷油井”。这让我笑喷了。“喷油井”是“原味的”水果点心，当你咬下去的时候，会从中间喷出糖、玉米糖浆或有颜色的东西。在今天这个烤羽衣甘蓝脆片和海苔小吃的年代，作为一位母亲，当她把我带回到那个妈妈会扔一包“喷油井”给他们的孩子就到此为止的时代，我就开怀大笑起来。

喝的东西也一样能创造清晰的角色。让我来讲个故事。

① 《救命下课铃》（*Saved by the Bell*）是一部美国系列家庭情景喜剧，首播于 1989 年 8 月。——译者注

② 贾斯汀·汀布莱克（Justin Timberlake）1981 年 1 月 31 日出生于美国田纳西州孟菲斯市，美国男歌手、演员、音乐制作人、主持人，前男子演唱组合超级男孩成员。——译者注

有一次我和一个傻瓜出去约会。他说："我给你点些喝的吧。"于是他给我点了他最喜欢喝的饮料，红牛和伏特加。那次点的饮料所反映出来的人物和点了"最好的加冰块的苏格兰威士忌"所反映出来的人物是完全不同的。

> **你越具体，就越可信。**
>
> ——詹尼安·吉劳法罗，
>
> 女演员、喜剧演员[1]

如果你就是一个来自普通地方的普通人，穿着无法描述的衣服，在音乐上也没有特殊的品味，也不对任何人有幻想，只吃"食物"，我们能把你和什么联系在一起呢？你可以说，我是九十年代一个忧郁的少年，每天穿着军靴去学校，还用 Manic Panic 半永久性染发膏把头发染上了颜色。我听着父亲的地下丝绒乐队、大门乐队、贾尼斯·乔普林和吉米·亨德里克斯的唱片——被所有有着悲剧式结局的摇滚音乐家所吸引。我偷偷地爱着基努·里维斯，但又觉得他太"主流"了，所以我没对任何人说。我是个素

① 在一次讲故事的节目上，我在后台有幸见到了风趣的詹尼安·吉劳法罗。这就是那天晚上她告诉我的，而我一直坚持这样做。

食主义者，喜欢这样显然是因为缺铁可以使我更苍白，和我忧郁的摇滚女孩的外表很配。

所以即使这听上去不像你，也许你知道有人是这样，或者在电视上看见过某人是这样的。也许你甚至想成为这样的人。然而无论你怎么看，那些我分享的具体的能使人回想起过去的因素都比只简单地说自己是“一个少年”更能使人理解。

> 我葬礼上的每个人都穿着吊带背心，
> 或者戴着贴颈项链或其他什么玩意儿。
> ——维基（詹尼安·吉劳法罗饰演），
> 《现实的创痛》

如果你曾经在维基百科里查询一个音乐家或者一个乐队，通常对他们有影响的人也会被列出。例如，如果你查询克里斯蒂娜·阿奎莱拉（Christina Aguilera），就会列出埃塔·詹姆斯（Etta James）、比利·哈乐黛（Billie Holiday）和妮娜·西蒙（Nina Simone），还有其他人。知道了关于阿奎莱拉的这一点，你就能在她的音乐中看到这些人的影响。她肯定不会完全像那些启发了她的艺术家，但是你能在她的作品里看到他们的闪光点。所以，你怎么样？是谁帮助你成了现在的你呢？

讲你的故事

· 试着列出启发了你的十件事（十个人、十个地方、十位艺术家、十本书等等）。有没有一条直通线呢？学术型的人有没有启发了你？弱者呢？古怪的艺术家呢？

· 接下来，试着列出能描述你的五个词。你聪明吗？无私心吗？笨拙吗？但有一点要注意，通常我们看到的自己不是别人眼中的自己。

· 然后添加五个你想要的东西。你想要的东西可以是任何事，从世界和平到一次彻底的房屋清洁服务。

· 现在看看你写下来的所有东西。你的纸上出现了一个令人着迷的、有血有肉的人，有一些怪癖，有梦想，有对你产生影响的人。看看你多么有趣啊！任何人听了关于你的故事都会笑得前仰后合。（朋友，别告诉我你到现在都还没有动笔。我在前面提到过，你甚至可以在书上涂鸦！）

Q：好的，我明白了。我使人感到有趣。但是我故事里的其他人怎么办？我怎么使他们也活灵活现？

A: 人们在讲故事时在外面的人身上浪费了太多时间。在第三章里，我解释了如何塑造一个集众人的特点为一身的典型人物。我也讲了可以把无关的人物从你的故事中去掉。我接下来要解释的是，如何使留下来的人物受欢迎，又不会占据太多故事的重点。

尝试想出用一两个句子来确定另外的人物的办法。你可以回到利用公众人物的方式上。我曾经讲过一个故事，为了描述一个人物，我说："她长得就像安吉丽娜·朱莉，而且她的行为就像朱莉在《被禁锢的女孩》（*Girl Interrupted*）里扮演的那个精神病人一样。"这一个句子就让你明白她是个什么样的人了。

许多人犯过的错误是详细地描写了他们能想起的有关那个人的每件事。"她比我大一点儿，有着褐色的头发，在威斯康星州长大，开一辆福特探险者……"这些都不重要。我们已经从《被禁锢的女孩》那句话知道了我们需要知道的一切。我朋友，出色的讲故事者布莱恩·芬克尔斯坦曾经在一个故事里描述过一个人物，一个"用美国国家公共电台的咖啡杯泡菊花袋茶"的男人。就这么简单，但是却完美地展现出了这个人物的本质。

Q: 在一个故事里不是要给重要角色起一个正式的

名字吗？我依稀记得在我高中英语课上老师这么说过，但是那时我很少注意这一点。

A: 别担心。英语课是我高中时唯一认真上的课。我记得！

· **扁平人物（Flat characters）：** 不是故事的主要人物。可以把他们想成会被提名奥斯卡最佳男女配角奖的人物。他们是故事不可缺少的部分，但是他们不是经历主要变化或发展的人。

· **圆形人物（Round characters）：** 属于你故事里的最佳男女演员的类别。圆形人物肯定包括你自己，也许还有另一个正在经历变化的人。

例如：在约翰·休斯的经典影片《春天不是读书天》（*Ferris Bueller's Day off*）里，费里斯的女友，斯隆，穿着上好的带有流苏的夹克，可她是一个扁平人物。她是情节的必要人物，但是电影里在她身上没发生什么变化。

然而，我认为，费里斯和他的好朋友卡梅伦都是圆形人物。费里斯是圆形，那是因为故事就围绕着他展开；就是通过他的眼睛看世界。他是主要人物，也是叙述者。但是卡梅伦事实上是经历了变化的人物。

斯隆

卡梅伦

费里斯

讲你的故事

既然你不能像电影演两个小时一样讲两个小时的故事，你就得很快明确你的扁平人物和圆形人物。从你的生活中找出一个人来，通过一两句话来传达他们具体是谁。

例如："我朋友爱丽丝擅长运动，至少可以这么说。她长着一张可以用'英俊'来描述的脸。"

在这个描写中，我们知道我们正面对一个人物，她像个运动员，强壮，还有些顽皮。而且，现场讲故事的美妙之处就在于你本人就站在那儿，帮自己成为一个有血有肉的人物。我无论把这个故事讲给谁听，他都能看到我看上去相当有女人味，根本不强壮，我也没有一个能表现出是"运动员"或者"前运动员"的身体。所以我只需要两个句子来确定我们友谊的这种有意思的互补的吸引力。另外，因为故事是关于我的，这就是我要说的所有有关爱丽丝的话。在故事中她是我的同谋，但是她真的没经历什么发展变化。

讲你的故事

现在花些时间来描述一下那个时候发生在你身上的一个具体故事里的你。既然你是一个圆形人物，一个主角，你可以多花一点儿时间来描述自己，但不要花太多时间！

我要回到和爱丽丝在一起的那个晚上的故事，来告诉你我的意思：“我那时十九岁，而且我也没钱。我的银行账户上真的是零元。因为那时我固定的饮食是啤酒加黄油，所以我已经超重十五磅了。但是我仍然相信我是附近最辣的辣妹之一。”

这就是我要说的全部。我的观众知道了我是那些根本不知道自己是多不起眼的年轻人中的一个。我破产了，胖乎乎的，还非常自信！

> 我的野心是把别人一本书里讲的事用十句话讲完。
>
> ——弗里德里希·尼采，哲学家，诗人

第十章

为讲故事者喝彩

我们所有人都是有缺陷的生物。
我们当中的一些人认为这意味着
我们应该改正我们的缺点。
但是改掉了我的缺点，就没我这个人了。

——萨拉·沃威尔，
《带着奶油煎饼卷》

回想一下你过去支持过的人、角色或队伍，再想想为什么。很可能是因为你看到了他们的真诚、他们的脆弱，或者他们的好意，或者是因为他或她或它是个彻头彻尾的失败者。

现在回想一下你拒之门外的人、角色或队伍。也许一开始你还是支持他们的，但是现在不了。甚至可能有一个你当时正在看的电视节目，但是突然不看了。当然，你不再看了也许是因为你不再有时间看，或者你喜欢的男/女演员离开了那个节目。但是更可能的是你不像以前那样支持那个角色了。

你甚至可能亲自看着像这样的事发生。如果在你的那个地区有直播节目的话，也许你已经看着一个单口喜剧演员从一开始就失去或疏远了观众，并且再没有找回来。也许你看见过前面提到的《创智赢家》节目的一个片段，里面一个企业家失去了那些“鲨鱼”（投资者）对他的兴趣并再也得不到了。也许你看见过一个脱口秀的嘉宾不知什么原因在采访中搞砸了。

你也可能看见宗教仪式上发生过这样的事，一个牧师、拉比等失去了信众。例如，我曾参加过一个犹太成人礼，在那儿拉比用图表的形式讲了超过二十分钟的割礼。这不仅很出格，不合时宜，还使得很多人不舒服，觉得他像是要永远讲下去。

让我们支持你很容易，但是一旦你失去我们，再想找回来就难了。

尽管我花了好几个小时在那里，这却是我所记得的关于那次礼拜的全部。

同样的道理也适用于电视、书籍或电影。一旦你不再为某人喝彩，你就出局了。一些电视节目很狡猾；他们经常调换我们支持的人物角色。例如，《绝命毒师》让我们或者支持沃特，或者支持杰西，或者两者都支持，但总是得支持某个人。别的节目经常变换主队（《胜利之光》的第三季和第四季之间就有一次重要的人员变动）或商业伙伴（《广告狂人》换掉了一些合作伙伴，又增加了一些，而且变换了好几次办公室），以便我们能继续支持某人。我们很难一直为从没有输过比赛的橄榄球队或一直保持成功的广告公司喝彩，所以，这些节目不会让他们的角色在某个团队模式或层次里太舒服。

我们支持那些弱者、相貌平平的普通人。在你的故事里做一个弱者吧。

是什么使你成为一个弱者？你过去或每天都在与什么搏斗？你不擅长做什么？运动？约会？留住一份工作？

不要勉强装作自己有缺点，那看上去很虚伪。

我对一些十分漂亮的名人不是一般的讨厌。他们自从十二岁就出名了，可在采访中却说自己年轻时就像丑小鸭。我总是想：“这个人什么时候表现过尴尬？因为在过去的二十年里我看着她在电视节目里成长，可她一直都美呆了。”我也有点讨厌那些把自己称作傻瓜的酷小孩。我总是想你怎么从来没看见像史蒂芬·霍金、珍妮·古道尔或理查德·道金斯那样的人称自己完全像个“傻瓜”呢。

所以为什么我们会支持你呢？你对男孩或女孩不好吗？你高中时候超重，而现在人们看着你不会知道你曾经超重吗？如果你表面上看起来稳稳当当，还很迷人，这可能在讲故事时会成为你的不利因素。有时我们会更快地支持西摩那样的人而不是奥黛丽[1]。

正像我在第九章里说的那样，你或者与我们对你已有的看法进行搏斗，或者迎合这种看法。在故事里，我经常坦承我的身高（我的身高将近一米八）。我的身高对于观众中的一些人来说是一种威胁（这不是我想要的），对另一些人来说则成了令人嫉妒的东西。我尝试找到一些方法来与此搏斗——当我走近麦克风，不得不把它调高的时候，我经常说这样的话：“对不起，请给我一秒钟——我前面的那个表演者不像我是一个身材高大的女人，所

① 西摩（Seymour）和奥黛丽（Audrey）都是1986年上映的美国科幻恐怖片《绿魔先生》（*Little Shop of Horrors*）里的角色。——译者注

以我得把这个调高。”或者我会拿我的衣服开玩笑：“这个看上去可以吗？这身衣服对其他女人来说应该是连衣裙，可到了我身上，就变成露脐装了。”这些短小的、傻兮兮的话立刻把我变成了一个居于下风的人，因为观众看见我与我的身高搏斗，而不是把我的身高看作可嫉妒或害怕的东西。

顺便说一下，我最近收到了以前一位叫德鲁·科恩的学生发给我的一封邮件，他也谈了这个话题。这个学生长得很好看，一头浓密的头发和讨人喜欢的性格。他怎么把自己变成居于下风的人而又不显得虚伪呢？他在邮件里告诉我他最近参加了他教堂组织的一次只有男人参加的运动静修，每个想在团队面前讲话的人都有机会去参加。

他写道：“我看了几个人的讲话。当在构思我的故事的时候，我把重点放在了有趣的事和是否会产生预期效果上。我记得你说过为什么我们要支持某人以及是什么使我们变得讨人喜欢或不讨人喜欢。一个小子走上去就开始吹牛，一下子就不讨人喜欢了。当我在脑子里选择要说的话时，我的心跳开始加速，我变得紧张……我开始讲‘在场的有很多很厉害的人：头脑上、身体上和情感上。在高中我不是最受欢迎的人，所以这个周末我与很多思考习惯和情感做了斗争’。马上他们都被迷住了，因为我感谢并接受了屋子里厉害的家伙，同时也表现出我有缺点，我并不完美。我想那儿的每个人都已经产生了共鸣。”

> 我对有缺点的主人公感兴趣。
> 是他们滋养了我。
> ——劳拉·邓恩，女演员

讲你的故事

回想你的一次经历，你赢了你没想到能赢的东西，或者你失去了你一直期待要赢的东西可仍然从这次经历中学到了积极乐观。回想这个故事并想想那些能使别人支持你的要点。

我只是随便用了“赢”这个字。这个赢字不一定指赢得比赛、大奖或返校节球赛和舞会的王者（虽然它可以指这些东西）。这个赢字可以指得到那个男孩或女孩、那个角色或者那份工作，或者进了一所大学、研究生院，等等。

著名的失败者

· 《追梦赤子心》（*Rudy*）里面的鲁迪：一位橄榄球运动员，总有人说他太矮不能打橄榄球。

· 波士顿红袜队：一支据说成为“贝比鲁斯魔咒”的牺牲品的棒球队，有人认为这个魔咒造成了该队相隔八十六年才再次赢得世界职业棒球大赛冠军。

· J.K. 罗琳：畅销书作家，在出版《哈利·波特》系列图书前，她是靠接受英国的福利救济过活的。

· 蒂娜·菲：一位电视和电影大明星兼作家，她原来是《周六夜现场》（*Saturday Night Live*）的幕后作者，后来成了最大的电视明星之一。

· 苏珊·波伊尔（苏珊大妈）：一位四十多岁矮胖、笨拙的女人，她声称自己从来没有被亲吻过。她参加了《英国达人》节目，用她充满力量的歌声震惊了评委，继而成为音乐界家喻户晓的人物。

· 小马丁·路德·金：我想我们都知道谁是马丁·路德·金，对吧?

· 《小子难缠》（*The Karate Kid*）里的丹尼尔·拉鲁

索（赖夫·马奇欧饰演）：镇上新来的瘦长得难看的孩子，为了打败那些欺负他的人，他学会了空手道。

掩盖一个缺点，
这个世界将会想象出最坏的结果。
——马库斯·瓦勒里乌斯·马尔提阿利斯，
罗马诗人

如果你把自己表现得完美无缺，我们在你故事的最开始就不会支持你，而且往往不会有挽回的余地。相反，如果你把自己的缺点诚实地说出来，很容易从一开始就让我们支持你。有一次我刚好在上一堂课，课堂上一名学生在讲一个关于大学一场灾难性演出的故事。我问她那是哪所大学。她回答道："耶鲁，但是我想忽略它。"她的本能反应是对的。仅仅通过详细讲述一次大学的历险，每个人都能很容易地支持她，因为在故事里她明显是一个令人同情的人，她努力想参加学校的演出。但是如果她指出那所大学就是耶鲁，她在观众面前就不再像一个令人同情的人。相反，她就成了在这个国家最好的大学之一上学的学生，而这所大学有着这个国家顶尖的戏剧学院。

简单的调整可以使我们更快地支持你。所以别着急开始讲故事，因为里面可能有些可以去掉的吹牛的细节。

一些会使观众反对你的小事

· 抱怨大多数人都会羡慕的机会，比如，谈论你预约了一个角色的那个电影剧组的饮食多么糟糕。

· 提到所认识的名人以引起别人的注意。

· 说出你所在的一个精英俱乐部、一所大学或一个团体的名字。

· 炫耀你的性能力。

· 有不良企图。

· 是个仗势欺人的人。

· 表现得太酷以至于没有受到故事的影响，比如，“后来她甩了我，我就想：‘那又怎么样，你这个坏女人。再见！’”我们很可能会更支持那个说“后来她甩了我，我所说的是‘那又怎么样’，但是我的意思是‘好吧，我能肯定的是我现在会独自死去’”的人。

为了真正地与你的观众相联系，你必须交出你的缺点，并且把它们编织到你的故事里去。

讲你的故事

__________________是我最大的优点。

__________________是我最大的缺点。

我希望我能更像__________________。

但是，相反的，我更像____________。

不要表现得
很酷，好像你
根本不在乎。
要表现得很

脆弱！

精疲力竭的！
有缺陷的！

现在试着从你的生活中找出一个能明显地表现你最大缺点的故事。用“我是个非常 ______ 的人”开始这个故事。如果你是个无知的人、充满竞争力的人、过分乐观的人、精疲力竭的人，无论是什么样的人，我肯定你能想出一个具体的例子使之展现出来。

例如，我是个非常坦率的人。我有什么说什么，而人们经常对此有不错的反应，但有时我说得太多。一天晚上，我在纽约的一个酒吧里遇见了一个外表迷人、穿着大方得体而且沉着冷静的女人，并与她非常投缘。她一看就是位专业人士，而我向来看上去不是什么专业人士；事实上，我经常想穿成 1975 年的史蒂薇·妮克丝[①] 那样，但这种穿着只在非常特定的场合才合适，所以我不得不与自己的这个欲望进行搏斗。那是一个与朋友在外面一起度过的最有意思的夜晚之一，每个人都在这个形成的圈子里与人交往。这个女人开始给我看她手机里她可爱侄女的照片。我那时还没有孩子，没有侄子或侄女，但是我觉得我也应该给她看点儿什么作为回报。我看着手机里最近的照片，照的是街上的一滩形状酷似阴茎的狗屎。我没细想就抽出了这张照片，说：

① 史蒂薇·妮克丝（Stevie Nicks）是西方摇滚乐坛一位响当当的人物，她的嗓音具有一种无法解释的魔力，而且还是位才华横溢的音乐创作人，她的音乐影响了很多的后来者。——译者注

“你侄女很可爱，但是看看这个。我来的路上，看见了这个，一滩像阴茎的屎！你能相信吗？”

那位女士的面部表情立刻变了，我知道她吓坏了。她什么也没说，一边摇着头一边离开了我。然后她拿起她的东西，离开了酒吧。都是因为我那张狗屎的照片。但至少我得到了一个故事！

Q：那要说些对我故事中的其他人不利的话吗？这样会不会有利于观众更支持我？

A：是的！如果你有了一个明确的克星，我们会更支持你。克星可以是与你作对的某人或某事，如被诅咒一到你生日那天就下雨，或者给你的婚礼施魔法，好像要做任何可能的事来毁了你的婚礼。克星可以是一种物质，像毒品或酒精，或者让你过敏但你却仍然喜欢的东西。克星还可以是一只动物或宠物，或者一台机器，如你的车或电脑。还可以是宽泛的东西，如技术或学校，或者超级具体的东西，如某首歌或你经常去的镇子。

在单口喜剧表演里，如果有一个狂妄自大的人物角色会有好处（比如，像丹尼尔·托什、丹尼·库克，或安东尼·杰塞林克）；在讲故事时，要做的恰好相反。你越是易受伤害、越是有缺点，你就飞得越高。这是不是比表现得好像拥有了一切要容易得多？

有名的克星

- 莱克斯·卢瑟是超人的克星。
- 毒蛇是印第安纳·琼斯[①]的克星。
- 《宋飞正传》里纽曼是杰瑞的克星。
- 《老公出差》（*The Out of Towners*）里纽约是乔治·凯勒曼的克星。
- 《瘾君子》（*Junkie*）一书里海洛因是威廉·S. 巴勒斯的克星。
- 露西是查理·布朗的克星[②]。

别害怕暴露你的缺点

讲你的故事

列出十个公众人物，他们没有隐瞒自己不那么完美的品质并因此获得了回报。

① 《夺宝奇兵》系列电影的主角。——译者注

② 这是两个《花生漫画》中的角色。——译者注

好好考虑一下我们多么赞美那些不完美的人。如果你所了解的奥普拉·温弗瑞是一个亿万富翁，并曾做过最成功的脱口秀节目之一，你是更喜欢她了还是不那么喜欢她了呢？如果比尔·克林顿隐瞒了他是被一位酗酒的、虐待他的继父养大的事实，你会不会被他的成功所激励呢？

既然你已经决定要成为一个易受到伤害并且有缺点的讲故事者（这样你的观众会愿意支持你），那就是时候开始构建你故事的代表作品了。我有一项练习能促使你讲一个你从来没打算讲的故事。

我把这叫作“令人讨厌的练习”。回想你生活中的一段时间，那时你表现得不那么优秀，可能是你没有做出正确选择的一次经历。把你的观众或听众仍然会支持你的原因写下来。让我们相信即使你可能做过一些所谓的“错事”，但你不是个令人讨厌的家伙。

不要把自己描绘成完美的人。我们有多支持那些失败者，就有多支持毁掉一个完美的人。

如果你的意图是好的，即使你没有做“正确的事”，我们仍旧支持你。

第十一章

回到原点的故事

你知道，我很可能死在
离我出生地仅有几英里之外的地方。

——林登·贝恩斯·约翰逊，
第 36 任美国总统

Q: 当我看一部电影、听一个故事或读一本书时，我都喜欢结尾跟开头完全一样。我怎么在自己的故事里做到这一点？

A: 当学生问我如何结束他们的故事的时候，我经常告诉他们回过头去看看他们的第一个句子。有时结尾和开头一样。

所以如果你打算以一句陈述“为了避免冲突我愿意做任何事”来开始一个基于主题的故事，那么你的结尾可能要反映这同一陈述。你可能要加上一点儿小的调整，比如：“所以用不着说，在躲进壁橱里两次、在公众场合穿着伪装并且躲避了整个肯塔基州之后，是的，我愿意做任何事来避免冲突。”这是一个简单的小办法来使你的故事回到原点，你的观众会喜欢的。这将会使他们觉得他们在和你开一个私人玩笑。

你也许听说过这个被称作“照应”（“the callback”）的方法〔与“召回”（“callback”）这个表演术语不同，表演术语“召回”是指一个演员因为在第一次试演时表现优异而被叫回来进行第二次试演〕。在讲故事时的照应，简单来说就是指在接近故事结尾处提到在故事开头说过的事情。这是一个你经常能在喜剧中看到的方法。如果处理得当，它真的会对观众非常有益，因为它创造了一种我们大家都在一起的感觉。照应的一个好例子是阿兹·安萨里①的喜剧特别节目《危险的美味》，在里面他讨论了一些他约

① 阿兹·安萨里（Aziz Ansari），美国好莱坞新生代影星、当红单口喜剧艺人、超级畅销书作家。*Mondern Romance*（中译本《约会心理学》，中国友谊出版公司 2018.8）一经出版，连续数十周占据各大媒体榜单，成为风靡全美的超级畅销书。——译者注

会时的问题，然后用“我要去和我的朋友布莱恩谈谈”的不同变化方式来结束不同的玩笑。他展示了许多约会时的窘境，并且不断重复要回去找对他很好的朋友布莱恩。他每次都能得到越来越大的掌声和笑声。值得看看！

故事会在它开始的地方结束，然而有些事情已经发生了变化。

有很多著名的故事都有回到原点的结局。我知道我以前提过《绿野仙踪》了，但是我假定你们中的大多数已经看过它并且理解了我的所指。而且，说它是一个经典绝不是巧合，因为它是讲故事的一个极好的例子。当多萝西最后回到她位于堪萨斯的家时，电影回到了黑白片，当然，所有这一切就像电影开始时一样。但是有些事已经变了。我们的主人公已经在她的经历中成长，现在带着新的观点回到了她原来的生活。这是一个非常好的、不可分割的整圆。

你回到原点的故事可以非常神奇，
但不要强行把一个不存在的关系硬拉进去。
那将会使你的观众转而反对你。

强迫回到原点的例子

· **在社交媒体或网络上看到了你故事中的另一方发生了什么，而不是亲自碰见他们。**

我从来没被某人讲述的最近一次谷歌搜索的故事吸引住。在我这些年的教学和表演中，我比任何人听到的现场故事都要多。我只听过两次基于社交媒体的故事，而且真的被吸引——一个是关于脸书上的误解，一个是关于推特上的尴尬。最好的故事往往是面对面发生的。所以当你的生活在你十二年没见的前任面前显得一团糟的话（关于这个令人尴尬的时刻的更多细节稍后再说），以“我在脸书上找到了他，猜猜看——他还是那么可爱！”结尾更适合出现在舞台上而不是故事里。如果从那之后你与故事中的另一个人物没有过面对面的相遇，就没必要强迫有一个回到原点的结局。（当然，如果你查找一个人，而你的发现令人非常吃惊并且值得写一个故事——比如你腼腆的科学课老师现在在拉斯维加斯做了展示镶钻美甲的模特——那也许还能行。我听过很多以“她脸书上的状态现在是‘已婚’”为结尾的故事，但我更喜欢一个碰到她的前任和新丈夫的故事。）

· **为了给你的故事一个结尾，有目的地回到它发生的地方**。

当然，也有例外，特别是在一些本质上更像新闻的故事里。为了获得那个状况下更多的事实，通常新闻故事里的主角会回到案发现场，等等。

但是在讲故事时，我喜欢让生活中的事件把你自然地带回到你原来常去的地方。我发现当一些像婚礼或聚会那样的事件迫使我们回到我们从来没有期盼要回去的地方、重拾原来的关系或重回原来的社交圈子的时候，那真的是令人兴奋的时刻。

当戏剧性的生活事件同时发生时，
可以成为最好的故事。
当一个故事太完美时，
它就显得像杜撰的。

有很多次我们的生活兜了一圈然后回到了原点，但我们都没有意识到。我们发现自己回到了对我们意义重大的地方，与老朋友重新建立了联系，重拾旧爱，重复着同样的模式，然而与上次我们处于这种状态相比，我们已经成长了。

讲你的故事

回忆你生活中回到原点的一次经历。想想你是怎么恰好在开始的地方结束的，而在这中间发生了什么，有过什么改变。如果结果是你成长了，变化了（就像多萝西一样），那么它就值得被探究，最后成为你要讲的故事之一。

我生命中有很多回到原点的事情发生。其中的一个就是当我刚刚大学毕业，还住在纽约时跟某人的约会。那是我的第一段成人之间的关系，但是我还远不是一个成人，他也不是。我们只是跳舞，喝酒，大笑，这样交往了大约八个月时间。我发现了我这一生想做的事情，他也是。当我们分手时，我动不动就心里很难受，经常喝醉酒，而且完全不负责任。自从我们分手后，他继续做他的生意，并取得了成功，买了房子，还结了婚。我也结婚了，还有了孩子，在我的领域里也取得了成功。我儿子出生的那一年，我只独自出去度了一次周末，去参加我大学室友的婚礼。就像每一个新妈妈都需要一点儿休息一样，在婚礼上，我就像还在大学里那样寻欢作乐。第二天我在机场时，散发着臭气，还没完全从宿醉中醒过来，那真是一团糟。

在航站楼候机时，我碰见了我的前男友，就是那个大学毕业后约会的第一个人。当他向我走来时，我能想到的就是："哦，上帝。我正好像十二年前他离开我时的样子，余醉未醒，浑身散发着臭气。"在整个交谈的过程中，我不得不克制自己想要说"我有了一个存款账户，健康保险，还有一条狗。我发誓我已经长大了！"的欲望。但是反而言之，在一个我寻欢作乐后的早晨，这个家伙正好撞见了我，而我已经有两年多没这样了。我发现自己当时的心情就跟十二年前一样，和同一个人在一起，然而从那以后很多事情都已经变了。

一个好故事会使我脱离自己，
然后再把我塞回去，
现在的我是特大号的自己，
为装不进去而感到不舒服。

——大卫·赛德里，
《在赫拉克勒斯雕像前玩耍的孩子》

回到原点的好例子：

· 《六尺之下》（*Six Feet Under*）里奈特·费舍尔（彼得·克劳斯饰演）的人物原型。

· 《罗马假日》（*Roman Holiday*）里安妮公主（奥黛丽·赫本饰演）的原型

· 《局外人》（*The Outsiders*）的电影版。

· 《保镖》（*The Bodyguard*）里弗兰克·法默（凯文·科斯特纳饰演）的原型。

· 科恩兄弟的电影《醉乡民谣》（*Inside Llewyn Davis*）。

· 乔治·奥威尔的《动物农场》（*Animal Farm*）。

· 劳拉·努梅罗夫的《如果你给老鼠吃饼干》（*If you give a Mouse Cookie*）。

· 电影《美国之旅》（*Coming to America*）。

我向你保证，这些回到原点的时刻在生活中经常发生。

但是很多讲故事的人常犯的错误，是去创造一个完整的循环来给他们的故事一个结尾。这种强迫回到原点的做法是对那些花时间来听你讲故事的观众的不尊重。

Q: 那么我怎么才能分辨出自己生活中的那些循环往复的事呢？我不是一个职业讲故事人，也许我已经错过了一些已经发生的事了。

A: 开始识别你自己生活中的模式，那里面存在着循环往复。

1. 回忆那些你回去过的地方，并想想为什么。你有没有回过你的大学所在地？你的故乡？你得到第一份工作的公司？你一直选择度假的城市？

2. 你什么时候有过这样的想法："为什么这件事总发生在我身上？"比如，中学时我在学校的自助餐厅里有过一次丢人的经历。然后在大学时，一旦我走出尴尬的阶段并重新认识自己，我就会在自助餐厅有一次更加丢人的经历。虽然我变了，但我丢人的地点还在自助餐厅，即使它离第一次发生的那个餐厅有上百英里远。

3. 你一直吸引的是哪种人？疯狂的朋友，还是令人尴尬的男朋友？

4. 你一直做的是哪种工作？也许你换了工作，但是其他事还保持不变，比如可怕的同事，或令你感到遗憾的办公室恋情。

5. 你的家人呢？你在家一直扮演什么样的角色？小妹妹，唱“黑脸”的父母，还是生闷气的少年？

6. 你有没有这样的想法：“哦，不，我已经变成我妈妈或爸爸，或我的小学老师，或我祖父母那样的人了”。这当中也有一个回到原点的故事。

记住，不要靠说“当……的时候，就回到了原点”来告诉我们。要让回到原点成为一个把你的故事串联起来的有意思的时刻。有时简单重复或解释一下你故事的开头也会奏效。

现在，我关于回到原点的这一章也可以画一个整圆了。

第十二章

别人的故事

我生活中真的没有令人兴奋的事……
我宁愿讲有关别人的故事。

——科特·柯本，音乐家

我有许多学生都想讲他们没有亲历的故事，比如他们的父母是怎么认识的。我会说，让你的父母来讲那个故事。当然，你可以结合一点儿你父母的故事来讲自己的故事，比如“我父母是十九岁在大学里认识的，所以当我二十岁生日已经过去，而我还没有初吻时，我知道恋爱对于我来说可能不是那么容易”。

但是大多数人宁愿听你是如何遇到你的那一半的[①]。你故事激起的情感会促使那个故事一举成功。

在社会层面上考虑这个问题——你不是宁愿听一个亲密的朋友讲述最近发生在他 / 她身上的一次糟糕的约会，也不愿意听一位亲密的朋友讲述最近他 / 她哥哥在约会时惨败的故事吗？我们不是在打电话，我们是在讲故事！

再说一次，我在讲故事时总是要做到问心无愧。你也不愿意别人在公共场合把最令你尴尬的事讲出来，不是吗？

每次你要讲有关别人的故事时，你都要问自己这两个问题：

1. 我个人生活中有没有同样的故事发生？
2. 如果不是我在讲有关自己的这个故事，而是别人在讲，我会感到舒服吗？

当然，正像我多次说过的那样，每件事都有例外。但是我真的相信讲故事是与人发生联系的一种方式。但请记

① 这是我的个人观点。但是我每次都能看到观众对这种方式反应强烈。

住，只讲有关别人生活的故事是八卦。

我认为与人分享你在场的经历会成为极好的故事，比如你看到的疯狂的事，而不是哪个明星。但是，这样确实会带来挑战。讲那样的故事时，你必须把自己融入到故事当中去，而不只是叙述你所看到的。

Q: 但是玛格特，如果我只是看见了什么事，怎么能把自己融入到故事当中去呢？那不像是发生在我身上的。

A: 用内心独白！内心独白可以向观众展现在那个时刻你在想什么。它可以把一个两分钟的故事变成十分钟的。顺便说一下，当你是主角时，你也可以用这个方法。

为了告诉你如何很好地利用内心独白，我给你一个例子，是有关我目睹的一件事。

“当我和我的约会对象尴尬地面对面坐在那儿，努力想着该点些什么的时候，隔着两张桌子远的一位女士突然站起来，开始大叫：‘所有人都不要吃了！我的鸡里面有血！我也不想这样做，但是你们没有把它从我的账单里划掉！’当她慢慢后退着走向门口的时候，每走一步，她就大叫着：‘我、的、鸡、里、面、有、血！’然后她出去了。我很激动。这是约会第一天里发生的最令人兴奋的事了——就在我们眼前发生了戏剧性的一幕。我想站起来为她的表演鼓掌。她的退场跟尼克松登上直升机在空中挥舞着胜利的手势时的派头一样。现在我和我的约会对象立马就有了共同话题。可分享的戏剧性场面，一个私下里的玩笑。完美！但是当我窥探的目光离开了门口，看向桌子对面的他时，却发现他的头一直埋在菜单里。终于，他抬起了头，说：‘对不起，玛格特。’我说：‘对不起什么？那就像能发生的最好的事！太滑稽了！你没看见吗？’‘没有，’他说，‘当这种事发生时，我都把目光转向一边。’我们刚约会了十分钟，我就已经知道我们俩不合适了。任何不把现实生活中的戏剧性事件当作我们能有幸看到的免费表演的人，都不是我的菜。现在我不得不与一个不喜欢的人一起坐下来吃一顿别扭的晚餐了。”

所以，现在，与其说这个故事是关于“那个疯狂的吃鸡女士”的，不如说它已经变成了有关你立马知道某人不适合你的故事了。那个故事剩下的部分都是关于我和我的约会对象的，但是我整个故事都不停地提到那个吃鸡的女士。

也许你不是主动成为你看见的事件的一部分的，

但是内心独白可以使它成为你的故事。

在讲别人的故事时能引发内心独白的方法：

· 你有没有想象过你会如何处理亲眼所见的事情？

· 你如何对你看到的事情做出解释？（例如“当那个穿得像海盗一样的男人走进宾馆时，我想：‘今天一定是万圣节。’然后我记起来我刚刚庆祝了感恩节。于是我想：‘今天肯定不是万圣节。’”）

· 你对当时正在发生的事有什么看法？

· 你喜欢在你面前发生的事吗？或者你是不是对你看到的事很反感？

· 你偏向哪一方吗？

· 你有没有想象一种解释以使那件事讲得通？

从A到Z与从A到B相比

从A到Z的想法是我们能想到但从来不敢大声讲出来的所有疯狂的事情。当你在做着内心独白时，你就不得不从A到Z；你不能只是从A到B。在我遇到吃鸡女士的那次约会上，从A到B的内心独白会是："那次约会进行得不顺利。他好像害怕真实生活中的戏剧性事件。我们肯定不合适。"但是那只是表面。

同样是那一系列想法，这儿有一个从A到Z的版本："哦，我的上帝！他不认为那个带血鸡肉的故事很滑稽。我们不可能在任何事上有关联。我应该现在就离开吗？也许我可以假装我的手机静音了，我得出去接一个'紧急电话'，然后告诉他我奶奶住院了，我得马上走。他永远不会发现我奶奶1992年就去世了，是吧？那会儿还没有谷歌呢。但是如果我溜走，我就不能给他一次机会了。我朋友杰西卡说我们合适，是她介绍我们认识的。为什么杰西卡会这么认为？我感觉受到了侮辱。我要留个备注：约会后给杰西卡打电话。好吧，他冲我笑呢。我也应该朝他微笑。我应该给他一次机会。否则的话，我死的时候可能还是一个老处女。"

当尝试传达从A到Z的思想时，应该记住你脑子里可能出现的最好的和最坏的剧情梗概。如果你在讲述等待参加一次工作面试时，看到前面的面试者在面试的房间待了很长时间也不出来，还不停地听到面试官被逗乐的笑声，那么这

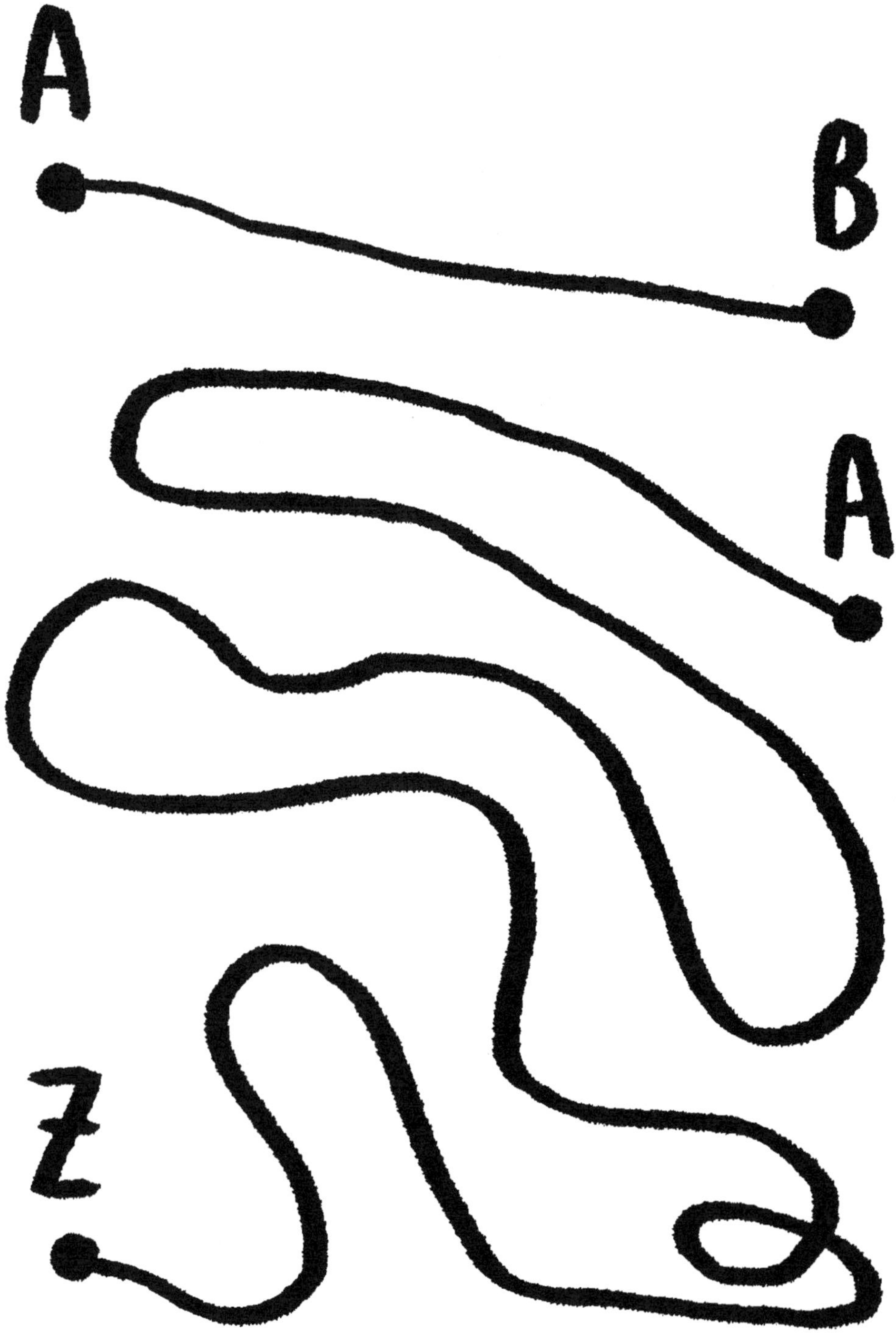
A
B
A
Z

个从 A 到 Z 的最好的剧情梗概可能会是："那个面试官看来很友好。我也很有趣。我能获得他的赏识，得到这份工作。然后我就有健康保险了，我后背受伤的时候会去按摩，我也会去看足病医生，因为我能付得起。算上我吧，教练！妈妈需要一次体检！"

从 A 到 Z 的最坏的剧情梗概可能会是："哇，她已经在里面三十分钟了。这算什么，她的半小时单口喜剧表演专场？我没那么有趣。我没有意识到为了得到一份录入数据的工作你得去上小丑学校。太好了。现在，我还是找不到工作。我永远都不会有健康保险。别想牙医了。我的牙齿将一个个地烂掉，然后我看上去就像个乡巴佬。如果我看上去就像个乡巴佬，没人会雇我。这次她又捧腹大笑了。我完了。佳洁士，我来了。"

但是我心里想：
"哦，上帝，我的拉链拉上了吗？
我鼻子里有鼻屎吗？"
这就是我的内心独白。
——丽亚·雷米尼，女演员

讲你的故事

回想一下你目睹一位看上去完美无缺的人被毁了的经历。我们总能在媒体上看到这样的事情（如布兰妮·斯皮尔斯，泰格·伍兹 ，约翰尼·爱德华兹），但是试着讲述你自己生活中的一个情景，一个你认识的人，他完美的外衣被剥去，而你目睹了这一切。从你的角度讲他们的故事，插入你的内心独白、反应、对所发生的事的推测。

有关别人的故事的一个好例子是我最初的学生之一纳撒尼尔·可可贝茨讲的。他讲了关于他崇拜的儿童反毒品教育学校的一位老师的故事。他把这位老师，查克，吹捧成他的英雄——他不仅是一个当地橄榄球大球星的父亲，而且还是越战退伍老兵，获得过紫心勋章。纳撒尼尔讲了查克把那枚勋章带到教室来的那天对他意味着什么，他多想去触摸一下它。他讲了他是如何写出了关于反毒品的最好的个人文章，当他大声地念出来时，他心里有多么强烈的感受，以至他都哭了。他就想成为他老师查克那样的人。

多年以后，当纳撒尼尔十几岁时，查克被他愤怒的前妻爆料，说他完全是个骗子（他曾经给他儿子穿上橄榄球衫照相——他儿子从来没有参加过球队。那枚紫心勋章是他在一次房地产销售会上买的）。我学生纳撒尼尔的世界崩溃了。

讲一个有关别人的故事，不是传播谣言的借口。这是一个机会来分享你对一次值得纪念的情景的观点和看法。

反毒品教育学校纯粹是胡说，查克也是。他讲的这个故事把查克的失势与他个人的历程交织在一起，我至今还记得。

讲别人的故事，

并让自己成为整个故事的一部分。

——佚名

第十三章

意料之外

日常生活的惊奇之处是使人兴奋的；
没有电影导演可以安排那些你在街上
发现的意料之外的事。

——罗伯特·杜瓦诺，
摄影师

如果我们准确地知道你的故事要如何发展，为什么我们还要听呢？好故事会使我们惊讶，并且把我们带到我们从来没有预料到的地方。在你的故事里加进去一些意想不到的元素真的能使它生动有趣。

回想有时候你被电影、文学作品或电视节目中意想不到的转折惊到的例子。像《非常嫌疑犯》（*The Usual Suspects*）《第六感》（*The six Sense*）和《公民凯恩》（*Citizen Kane*）这样的电影就是很好的例子，因为它们都有出色的意想不到的转折。你能想起自己生活中有什么令人意想不到的转折吗？

这儿有一个办法能挖掘出藏在你脑子里的那些能成为好故事的精华。

讲你的故事

回想你生活中的某一天，那天你原本期待的最好的一天，结果却成了最差的一天。也许是一次度假出了差错？或你刚刚开始做你梦寐以求的工作，结果却是一场噩梦？或者回想你生活中的某一天，你本以为会是最差的一天，结果却是那么好。也许一次葬礼使你见到了好久不见的亲戚？或许某天你因为与恋人分手而感到难过，结果你却在那天收养了你拥有过的最好的狗，它帮你度过了困境？生活中充满了意想不到的转折！

我以前也说过这个，我的意思就是：要相信你听众的不要让你的观众比你提前想到。

智力。比如，你正在给你的朋友讲故事。也许是因为你们有很多共同点，所以你们才成了朋友。

你不会和傻瓜交朋友，所以当你向朋友倾诉秘密的时候，你可以期待他们根据事实进行推断。如果你在工作场所讲故事，也许在一次公司范围内的报告会上，要记住你的同事被雇佣是因为你们有共同的特点和技术水平。他们不是傻瓜——他们能分辨出你的故事将如何发展。所以，不要讲一个大家能在开始的一分钟之内就能预料到结果的故事。

当我给我幼小的儿子讲睡前故事的时候，我经常想这个问题。当然，我知道故事将如何发展，因为这些书是为三岁以下的小朋友准备的，而我都三十好几了。但是每次讲到那只鸭子找到回家的路，我儿子都很吃惊！所以，要记得你的观众是谁，而且要讲给那个观众听。

我在纽约教的最初几个班里，有一个非常有天赋的会讲故事的人，他叫约耳·琼斯，他是个剧作家，现在他也在弗吉尼亚教人讲故事。我喜欢约耳的一点是你永远不知道他的故事会如何发展，而且他也不怕令人不快。他不会去寻求观众的赞赏，他只是在分享他的事实。

他在课堂表演时讲了一个故事，而那个故事的结尾非常出人意料。那是关于他是怎样一个“被当作男朋友的家伙”，一个一看就立刻感觉是做男朋友料的人。他厌烦了这个名声，所以，好几年前，在去当地的一家酒吧之前，他朋友提到一个叫“卡伦”的女人也会去那个酒吧，而且“想让你跟她喝杯酒，”他朋友继续道，“这个女人已经厌倦了约会，想安定下来。”约耳也知道这个女人，但是并不喜欢她。他不想把整个晚上都花在和一个不喜欢的人聊天上。所以那个晚上，他去了那家酒吧，可他没有成为那个“被当作男朋友的家伙”，他故意不理她。她坐在里面，而约耳坐在外面。当他去洗手间时，她调情似的把头发撩向他，然而，约耳并没有停下来。这之后，那个女人夺门而出。

约耳说：“我们后来发现，当卡伦回到家后，她自杀了。”

故事讲到这儿之前，约耳讲了那个晚上他努力在扮演一位酷酷的单身男人的形象，并因此获得了多次笑声。这个故事好像是一个轻松的、随便的故事，关于那个晚上他决定改变自己的约会习惯和别人对他的期望的故事。但是这个故事根本就不是关于这个的。它转向了一个黑暗的、令人意想不到的地方，之后又去了一个更令人期待的地方。你可能会想这个故事现在变成了他多么后悔故意不理她，感觉好像是他造成了一场自杀的悲剧，他多么希望他当时表现得像往常那样做一个好人啊。

但是相反，约耳说：“很明显，这件事与我无关或者不是因为我。显然，我们几乎不认识彼此。我只是空格里那个随意的名字，是她痛苦的仪器摇摆的中心点。但是我就成了那个随意的名字，那个中心点，这太奇怪了。”（这个故事也是个好例子，告诉我们视角在讲述一个故事的过程中是如何起作用的。想象一下，如果他只在那件事发生的几周后就讲了这个故事，而不是几年后才讲，他永远不会有那样的领悟。）

于是，到了结尾处，他又说了一些令人意想不到的话。他没有说一些像“愿她安息”这样普通的话，相反，他说：“我认为那时我已经够好的了……我需要反抗。也许这也正是她当时在做的。尽管我做出了反抗，我还是觉得忘记她是错误的，假装我很重要也是错误的，于是以这种方式我终止了她戏剧性旅程中被动的道路，终止了她风险更高的戏剧平台，就像我也终止了我‘被当作男朋友的家伙’一样。”

意想不到的事与“反转”相似，如果你曾经写过小说或剧本，你应该很熟悉这个词。通常在反转中，一个角色的地位会发生变化。在一部詹尼佛·洛佩兹的电影里，她的角色决定“够了就是够了！我不要再被我那个控制欲极强的老公所摆布。我要去学跆拳道，要离开这个镇子，还要在一个出租单人皮艇的湖边开始一种安静的新生活”。这个时候就是反转的时候。然而反转也得与情节的剩余部分相一致。如果电影里没有展示詹尼佛·洛佩兹已经知道如何开飞机或在学习如何开飞机的时刻的话，她不能突然就会开战斗机。

同样的道理也适用于你故事中的出人意料的事。我们需要先了解那个情形下的事实，那个出人意料的转折才有意义。在上述约耳·琼斯的故事里，他特别指出了为什么他故意不理“卡伦”以及他通常情况下不是那样的。这个细节让我们真切地感受到当约耳发现卡伦自杀后他一定是多么的震惊，因为他忽视了一个喜欢他的人。

> 一个真正稳定的系统期待着出人意料的事发生，它已准备好了被搅乱，并且等待着被改变。
>
> ——汤姆·罗宾斯，《蓝调女牛仔》

增加一个出人意料的因素也有缺点，那就是有时你讲故事需要的时间很短，但一次出人意料的转折则需要更长的时间去发展。电影、电视节目和书都可以自由地在一个角色身上建立真正的信任，以便当那个角色有了出人意料的转折时，观众会真的感到震惊。但在现场讲故事时，时间是有限的。

我最近有个学生，她想在分给她的十分钟舞台时间里讲一个故事，她被卷入了一起非常有名的公众骗局。顺着这条线去想：奥逊·威尔斯把《星球大战》改编成广播节目，霍华德·休斯的假自传，“保罗·麦卡特尼死了”的骗局和希特勒的日记。故事很吸引人，但是，为了明白每件作为骗局的事的出人意料的转折点，观众首先需要明白他们在假装什么和维持这个骗局的危险是什么。然后，我们需要完全搞懂讲故事人对于发生的每件事的观点。在那个学生讲到每件事都是谎言、并且当它们被发现、骗局被揭穿之前，我们已经花了十分钟了。

我甚至对她所讲故事的重述都很难继续。所以转折点的缺点是你经常不得不需要比五到十分钟更长的时间为后面出人意料的元素做好准备以使之容易让人相信。我曾读过一本关于霍华德·休斯自传骗局的书，有三百多页长！

你的故事对我们来说需要有意义。它需要用外行人的用语。所以如果你尝试过给朋友讲一个出人意料的故事，并且发现自己总在重复说“不，等等，你们不明白”，那么也许这个故事最好发展成一部长篇作品，比如一个独角戏、一个剧本、一部电视连续剧或一本书。

如果你上过当、受过骗，我们就需要相信你上过当、受过骗。再说一遍，你不能让观众比你先知先觉。“当然，这家伙要抢劫你。为什么你要上他的车？”你不会愿意像看一部恐怖片一样看一场现场讲故事表演。你的观众不应该大声尖叫道："不要独自走进那片树林！那儿很显然有僵尸！你的男朋友刚刚被生吞了！为什么你还要跑向他刚刚被吞噬的地方呢？"

要真实可信

不要作假；我们会看透假的东西。我来讲一个我第一次发现因特网的故事。那是在九十年代后期，在我本应该听说过它之后。我明白对大多数观众来说这是很难吞咽的药丸，而且它会让我冒着听起来很傻的风险。这个故事很难使人相信，但却是真的，而且出人意料。这之后发生的每件事都有赖于观众相信这个有关我的出人意料的事，还有因为我不懂因特网是什么，我那天是怎么崩溃的。一个大学教室里的所有人都严厉地责备我，他们问我："你究竟在讲什么？你从来没用过因特网？这过去的几年你在做什么？" 我最终通过这个情景来证明故事是合理的。我的回答是什么？我说："过去几年我在做什么？我不知道。也许是围着围巾在田野里跳舞？"

这样，那些可能看起来不真实的事情也变得真实了。观众明白了我是一个古怪少年，不关注普通孩子都关注的事情。只要你讲得真实，仅用很短的时间来证明自己，就可以继续讲你的故事了。会不会有一两个观众不相信我？当然。有关系吗？没有。

讲你的故事

回忆一个后来证明你错了的时候。尝试唤起一段关于某事或某人的回忆，你认为那段回忆可能在某方面是反的，也可能全部都是反的。也许是一位你想象不到的人的善意使你心慌意乱？或者有一段时间你肯定发生了某事，但当你研究它时，你发现你完全错了。那么现在，你便可以创作出一个出人意料的故事了。

例如：我以前提到过我最初的梦想是成为一名演员。当我非常小的时候，我参加过几次公开招录电影里儿童角色的活动。四年级时，我妈妈正好有一段很短的时间没有工作，于是我就有了一个经纪人带我去纽约试镜。可我从没有得到过什么角色，因为尽管四年级时我已经五英尺六英寸高，可我并不是一个模特风格的孩子。我看起来怪怪的，又像个女孩又像个女人，没有乳房，又有着好多很晚才掉的乳牙。我参加过最蹩脚的试镜，我记得我为浴袍的印刷广告试过镜，也为冒牌的甜蜜山谷双胞胎系列产品的图书封面试过镜。后来我妈妈得到了一份工作，她告诉我她不能带我去城里试镜了，我的儿童表演和模特事业还没有开始就结束了。我几乎称不上是个“儿童明星”。

随着我年龄的增长，我捏造了一段记忆，说我小时候在电影《洛奇》(*Rocky*)中扮演过一个小角色，演“那个小女孩”。我经常告诉人们这个，从上大学就开始了。这发生在人人都可以迅速抽出一部智能手机来证明我错了之前，所以人们都相信这是真的，可能是因为我总在强调那是个小角色。

大学毕业后，我在纽约的那些日子里还谈论这件事。我会告诉人们我记不太清了，但那是我的第一份工作。人们仍然信以为真。朋友、选角导演、经纪人、约会对象……每个人都印象深刻。于是我开始奇怪，如果它是我的一大突破，自己为什么没有花时间去看看《洛奇》这部电影。可以理解的是，在我演那部电影的时候，它还不是一部适合我那个年龄看的电影，但是为什么我父母没有在他们满是 VHS 录像带的架子上留一份《洛奇》的拷贝呢？他们有我知道他们从没看过的电影的拷贝，像《街区男孩》（*Boyz n the Hood*）和《情枭的黎明》（*Carlito's Way*）。为什么他们不买那部对他们的女儿来说是一大突破的电影的拷贝呢？

所以在某个时候，我问我妈妈关于《洛奇》的事，想知道我是否是个比较有特征的临时演员，或是否有一个我说话的片段。我妈妈回答道：“《洛奇》里没有小女孩。你去为一部叫《拉格泰姆时代》的片子试过镜，扮演一个小女孩，但是你没有得到那个角色。后来由导演迈克·尼科尔斯的女儿来演了。你告诉人们这件事多长时间了？为什么没有任何人问过你？你对多少人说了谎啊？”

我们大笑了一阵，并且证明我犯了个非常大的错误。我不仅没有参演《洛奇》，而且我捏造的那个演出也根本不存在！对于我来说，这个被证明错了的故事的出人意料之处不在于我的大脑重新书写了我的一部分历史，而在于大约五六年的时间里，每个人都相信我说的。当我说我在一部奥斯卡提名电影里扮演过一个根本不存在的角色时，他们都相信我。这使我忍不住想还有什么事我能通过说谎而侥幸成功。

Q: 我怎么知道我真的把一个出人意料的转折点编织进了我的故事呢？我知道什么时候某事很有趣，因为人们会大笑，但是我怎么能判断某事出人意料呢？

A: 在大学上表演课时，我的教授让我们准备一个能“改变观众呼吸”的表演。学生们进行了非常特别的表演。一个女孩在她的表演中向我们喷水。

我们对此都有了带声音的反应。有人读了一首令人作努力从你的观众中得到一个“哦不，她没这么做！”这样的反应，而不是“当然她做了！”。

呕的甜蜜的爱情诗，弄得我们都“哦……啊……”。我讲了一个有趣的有着戏剧化结局的故事。我听到观众倒吸了一口气和他们的笑声，也能听到他们说“到底发生了什么”。所以我想给你一个挑战，看你能否改变你的观众的呼吸，尝试从他们那儿获得带声音的反应：倒吸一口气、大叫、叹息、啜泣、大笑，这些反应持续足够长的时间以至于变成鼓掌和喊叫。这些反应表明你故事中出人意料的效果已经实现。

讲你的故事

在下面的空格里填上内容，并重复，直到你再没有什么可填的了。

我无法相信我曾经 ------------------。

这个提示将给你一种领悟，你自己都会感到惊讶。如果你都为自己的行为感到震惊，想象一下观众会多么震惊！

如果有些情节的转折可以被你的观众很容易预料到，那就要当心了。

再说一遍，凡事都有例外。也许你可以使这些转折令人感到新颖、别致，并使你的观众感到惊讶。但是为什么不给自己一个挑战，设计几个出其不意的难题呢？我最喜欢的故事之一是，那年我努力想成为一名小学老师，可到年底时意识到自己根本不在乎是否会成功。我没有为保留那份轻松的工作而努力，观众因此总会为我在故事中的这个转折点而吃惊。

陈词滥调的警报

你本以为会成为一位老师，但结果还是一位学生。我们总能听到这样的故事，某个志愿者从一种新文化中学到了很多东西，比身处这种文化中的人从他/她身上学到的更多。

你爱上了最开始讨厌的人。好吧，你读过《傲慢与偏见》吧？或者看过《对面的恶女看过来》（又称“现代版《驯悍记》”）？或者《美女与野兽》等无法计数的以此为情节主线的书籍和电影。

你的故事以你辞职为结尾，你把那份工作描绘成你曾经有过的最可怕的噩梦。你当然辞职了！这很显然！如果你还在那里工作，你很可能不会讲这个故事（见第八章）。

我刚刚听到了一个绝妙的故事，讲在同一个地方一起长大的两个人却彼此恨着对方。一天晚上当那个女孩（讲故事的人)开车送那个男孩回家时，那个男孩约那个女孩出去。他对她说：“你要么同意和我出去约会要么开车把我送回到那个聚会上。”而那个讲故事的女孩说：“我肯定是开车把那个笨蛋送回了那个聚会！”整个人群都笑得前仰后合，因为人们往往预料的是“我看着他的眼睛，意识到在那个时候那个地点真爱出现了”，而那个故事正好相反，太出人意料了。

与其听到有关你辞职的故事，我宁愿听到一个讲你非常恨那份工作但又好像不能辞职，或者你觉得可能会被解雇但却升职了的故事。想想《宋飞传》里乔治在纽约扬基队的重要工作所带来的滑稽可笑的事。他成功地得到了这样一份梦寐以求的工作，并且不断地因为他做的糟糕的工作而得到提升和表扬，这真是无法预料的。

最好的给人惊喜的做法是当嘉宾完全没有
想到的时候讲出它。
想想那人脸上出现的表情。
当你讲故事时尝试为你的观众
创造那么一个时刻吧。

第十四章

温和的故事

动作冒险的题材只有在你在乎角色时我才会采用。
如果男主角没有开始某种旅程，
就没有风险——
没有风险，你就不会关心他是活着、
死了、赢了还是输了。

——李国豪（李小龙长子），
演员，武术家

我在第六章里说了很多有关情感投资的事情。然而，当一个故事真的有点蠢，而且除浓烈的激情外你又加了重大的利害关系在里面时，那么滑稽可笑的事就会接踵而至。

激情 + 重大的利害关系 + "愚蠢的情节"= 爆笑

> 乔治：看，这应该是个节目。这是那个节目……
> 杰瑞：……好吧，那个节目是关于什么的？
> 乔治：什么都不关于。
>
> ——《宋飞传》

那个可笑的电视剧《宋飞传》经常被描述成一个“什么都不关于”的电视剧。它很多季都用了“激情 + 重大的利害关系 + ‘愚蠢的情节’ = 爆笑”这个模式来讲故事。这儿有几个例子：

“海绵”那一季

激情：伊莱恩喜欢采用阴道避孕海绵的方式避孕。

重大的利害关系：避孕海绵正在退出市场，而且伊莱恩只有有限的几个（一盒），然后她就再也无法弄到它了。

愚蠢的情节：伊莱恩必须决定，是否从今以后每个和她在一起的男人都值得她用“避孕海绵”。她相信在她生命剩下的时间里，她只会有六十次性交的机会，因为如果她用光了避孕海绵，她就会拒绝用其他的避孕措施。

“反击”那一季

激情：乔治的同事赖利对他进行了公开的羞辱，而他对这种羞辱进行了反击，并且他酷爱他的反击。赖利说：“嘿，乔治，大洋来电话了。他们快没有虾了。”（在一次纽约扬基队的工作聚会上，乔治正狼吞虎咽地吃着虾。）乔治反击道：“傻瓜商店来电话了，他们快没有你了。”唯一的问题是他是在事后才想到这个的。

重大的利害关系：乔治必须进行反击。他会不择手段。

愚蠢的情节：赖利在费尔斯通公司找到了一份新工作，而乔治找到了一个飞往俄亥俄州阿克伦城的方法，准备对赖利实施反击，因为乔治认为那个关于傻瓜商店的说法只有在赖利的公司会议上讲才有意义。

激情，你的观点（你关于那个情形的导向性陈述）和重大的利害关系会带来一个温和的故事，并使它变得生动有趣。你也可以将一件生活中的小事——一块非常好的英格兰松饼，一次去邮局的出行，世界上最无聊的一天——用简单的方式使它吸引人并逗人发笑。问问自己这些问题，看你是否有一个温和的故事可讲。

· 你是否曾对现在看起来很荒唐的事有过一次过分的情感反应？

例如，你有没有在自助洗衣店里哭过？在客户服务部大声地咒骂？或者拥抱过一位咖啡师？

· 你是否曾参与了一场争执？那场争执现在看起来很傻，但当时却对你很重要。你有没有在下棋类游戏时真的和对手打起来？你有没有与别人争论过往火鸡上抹油的正确方法？有没有因为一张饭馆的账单而吵起来？

· 你有没有为了证明一个观点坚持到最后？也许你为了在聚会时给你高中时迷恋的对象留下印象减了不少体重，直到去了以后才发现他已经变得胖乎乎了，而且他根本不在乎。你有没有把你所有的钱都存起来去买一个非常昂贵的东西来证明你是个大人了，但却从来没用过？

我过去有一位学生，他一直在追求明显不是关乎生死的必需品，比如完美的公寓，鞋子，长沙发等，而我发现自己有好几次被他的追求所吸引。如果利害关系很重大，并且讲故事的人竭尽全力地去获取他们想要的效果，我就会很喜欢这个故事！这方面一个很好的例子就是影片《猪头逛大街》（*Harold & Kumar Go to White Castle*）。这些家伙不是在努力地拯救世界，但是他们却给一个愚蠢的追求增添了重大的利害关系。

创造一个无关任何事的温和故事的方法

- **在开端设置重大的利害关系。**

例如，我靠讲了一个关于锐滋的花生酱糖的故事赢得了飞蛾讲故事大赛的冠军。在这些讲故事比赛中，我看到的获奖故事都是关于健忘症、饮食紊乱、骚扰、战争和世界上的其他非常严肃的话题。然而，不知怎的，我的关于糖果的小故事那天晚上为我赢得了大奖。

事情是这样的：在故事的开始，我花了两分钟的时间描述我是多么喜欢锐滋的花生酱糖，我不仅喜欢它，还喜欢假日版花生酱糖。我谈论着南瓜形的、树形的、心形的和蛋状的花生酱糖。我详细地讲解了它们比普通糖优越在哪儿，因为：1. 它们都有花生酱芯，没有边儿； 2. 它们的花生酱含量比巧克力高； 3. 它们更咸； 4. 它们只在有限的时间内供应。因为我一年中大部分时间都无法买到这些糖果——意思是它们是独家经营的产品，就像伊莱恩的“避孕海绵”一样——这就使得利害关系很大。

- **为我们展现你有多么在乎。**

就你温和的或傻傻的故事的主题而言，请举些例子说明你做了什么努力。我曾经有一位学生讲了一个故事：他在从西雅图回来的路上额外买了一只箱子，目的就是要把他买的一盒某种特殊的洗碗海绵带回家，因为这种海绵已经在加州他住的那片区域找不到了。

在我的锐滋的故事里，我在情人节的第二天跑到来爱德商店去买半价的心形花生酱糖，这之前我只能买到全价的蛋状花生酱糖，它们是我美味的唯一选择。我还讨论了当心形糖再次上市时，我是怎么知道在我们进入我所谓的“黑暗时期”之前，我就只剩下蛋状糖可买了。“黑暗时期”是指从四月到十月不会有锐滋的假日版糖上市的那段时间。

- **告诉我们发生了哪些你在乎的傻事。**

除非你明白了一个故事有趣的地方，否则它只是一场夸夸其谈。你当然可以把时间花在设置利害关系上面，并给我们展现你多么在乎这件事，但是你最后必须进入故事的中心，即故事的重要部分或有趣的部分。否则，你的故事就只是一个序言。把你故事的中心想成锐滋糖的花生酱芯，那才是你真正想要获得的东西。巧克力糖衣或脊状外皮只是在那儿支撑主要内容，花生酱芯才是你故事的中心应该有的情节。那是故事的一部分，在那部分，你深入到一个发生了的具体事件当中，而观众就会在你讲故事的过程中真正地支持你。

所以，在我的锐滋糖的故事里，我随后讲了一件事。我那天接到了我妈妈的电话，她告诉我，我特别喜爱的一位姨妈去世了。我为了平复自己的痛苦，就想起去吃这世界上我最喜欢的糖，结果却发现我丈夫已经吃光了我所有的心形锐滋糖。

· 告诉我们你对故事中讲的你在乎的傻事做出了多么不理智的反应。

记住，即使你有缺点，我们也会支持你！我们喜欢对任何事的情感反应，无论你是因为刚刚订婚而高兴得哭了，还是当你特别喜欢的运动衫被全部漂白了的时候你在自助洗衣店里冲着一位老太太哭泣。我永远都不会忘记那个学生，她给我们讲了一个有关她特别喜欢的黑夹克的故事。她先讲了她多么喜欢那件夹克。她从那天第一次在架子上看见那件夹克讲起，讲到了所有她穿那件夹克的地点和场合。她谈论它时开心得嘴都咧到了耳朵根。后来，她讲到一天她正带着女儿们在公园玩，她的车被撬了。她的第一反应是直接跑到犯罪现场，就想看看她的黑夹克是否还在车里，在这过程中她破坏了证据。当她承认这一切的时候，观众都开心地大笑起来。当她讲到在混乱中甚至没有注意到她的女儿们不见了的时候，我们都和她一起笑得更厉害了。后来她丈夫带着女儿们跑过来，她只是说："我的夹克！他们没有拿走我的夹克！太棒了！"然而许多值钱的东西都丢了，她的女儿们也差点儿丢了，但是我们还是站在讲故事人这边，因为她从一开始就设置了利害关系，告诉我们她多喜欢那件夹克。如果没有讲到那天她的车被撬了的事，这个故事就只是关于她喜欢那件黑夹克的一系列原因。

回到我的锐滋糖的故事。当我发现我的糖没了，我也表现得很不理智。我往我丈夫单位打电话，冲他大喊大叫，并威胁他，如果在我晚上看见他之前，他弄不到半价的心形糖，注意不是全价的蛋形糖，他就真的有麻烦了。（而实际上我当然是因为姨妈的事感到难过，仅仅拿锐滋糖发泄一下罢了。）

· **要有幽默感。**

回忆故事的时候不要生气。相反，要试着笑话自己。情感反应是重要的，并且通常能造就一个故事，但是我经常看见有人在讲故事时太过动情，以致我觉得他们是在冲我嚷嚷。我想被逗乐，而不是被责骂。所以别害怕取笑自己装了一箱子洗碗海绵回家，取笑自己把夹克的安全放在了自己孩子的安全之上，或者取笑自己因为假日糖果而冲自己的丈夫喊叫。随口说出像“我真的变得很悲观”或者“我知道自己太过分了，但是我不在乎”这样的句子来使我们更理解你。像这样的话告诉我们你已经意识到你正在发疯，或者犯傻，或者变得不理智。如果不承认这个，在你故事结束的时候，观众会开始琢磨他们是否应该叫你精神病专家。

· **在你故事的结尾处给我们讲一点儿意想不到的事，告诉我们你还是在乎那件“傻”事的。**

这一点可以用可爱的标签或附言的形式来做，把你的故事讲清楚。比如，“我又快用完洗碗海绵了——好事是我听说这个时候的西雅图很美”或者“最近我在 GAP 店的货架上又看见我喜爱的那件夹克了。我一下抢了两件以防万一”。或者对于我而言，在我的锐滋糖的故事里，我会说：“感谢上帝，我姨妈在半价心形糖和全价蛋状糖上市期间去世了。因为我不知道如果她在‘黑暗时期’离开了我们，我会如何处理这件事。”

你知道……我喜欢的故事
是来自我们生活中的真实故事。
是关于我们在这个世界上生活在一起的故事。
——斯波尔丁·格雷
《早晨、中午和晚上》

讲你的故事

试着通过一个温和的故事来真实地展现你是谁，尽力创造一个无关任何事的故事。

你可以查看一下斯波尔丁·格雷的《早晨、中午和晚上》（*Morning，Noon and Night*）那本书，或许能给你启示。在书里，格雷讲了他生命中和他的三个孩子在纽约州萨格港度过的一天。那基本上是一个无关任何事的长篇大论。然而我却在一天内迅速地看完了。

第三部分

part3

表演及表演之后

第十五章

怎样记忆和讲述一个故事

创作一部作品并与观众分享的喜悦是同时存在的。

——史蒂夫·布西密，
演员兼导演

为一场表演或一次报告或一次会议等准备一个故事，不只是把它写下来并大声读出来那么简单。我会将之前提到过的技巧做个总结，希望你在准备故事时能记在脑子里。

讲故事时的指导方针

· 保持真实。

· 如果你觉得有必要，可以改变你故事里其他人的姓名和可供辨认的特征。

· 要确保你的故事有一个与他人相关的通用主题，而不是放纵自己或过分私人化。

· 有多个切入点。

· 不要提供太多的信息。让故事自己来讲。

· 如果你还没有从那件事里“走出来”，那就别讲。

· 告诉我们在你的故事发生时你在想什么。从 A 到 Z 地（从头到尾地）揭示你的内心独白。

· 在介绍外部角色时砍掉大量的内容。可以用混合角色并在必要时使用绰号。

· 确保我们支持你。做一个弱者。

· 给我们展示你的缺点，并在讲故事时使它们变得对你有利。

· 如果你的故事里有回到原点的联系，一定要用，但是不要强加一个联系。

· 成为你故事的主角。

· 增加一些怀旧的东西（故事发生的那个时代的歌曲、

电视节目、服装样式等）。

· 通过包含在故事里的出人意料的事来使我们一直保持警觉。

· 要一直像在聊天，而不是在做报告。把你不想对你朋友说的任何事都砍掉。你要让你的故事听起来很自然。

· 要确保你不是在那里罗列事情，在那儿咆哮，或者在做一个政治演讲。要确保你讲到你故事的实质。

· 如果你在乎，我们也在乎。激情会把你带向远方。要充满感情地讲你的故事，但不要冲我们喊叫！

在脑子里记住这些要点，我相信你会一个字一个字地写出你的故事。我不是说大纲或是一系列的笔记；我是说一个完整的书面故事。但是别把它写成像要在杂志上发表或出版成书的样子。除了你没有人会看。你想怎么大声地讲给你的朋友们听，你就怎么写。在写你的故事时，你要怎么说，你就怎么写，可以用你自己的俚语或缩写等。别把它弄复杂了。

没必要包括这样的句子，像“‘我要自己做，’我妹妹嗤笑着说道”。在写故事时，你可以只写，“于是我妹妹说：‘我要自己做。’”在讲故事时，你可以通过改变你的声调和你的面部表情来传达她是嗤笑着说的。要删去

“她惊呼道”，“我爸爸生气地辩驳道”，“我女儿小声说道”，“我继兄咯咯地笑着说”等等这类话。所有那些都可以在你故事表演时展现出来。把它拼写出来只会使你的故事变得迟缓。花哨的解释是没必要的。

你对某些事情肯定有一些感觉，而对这些感觉的描述也可以在表演时展示出来。我记得我强调过你应该告诉观众你对正在回忆的事件的态度和观点，这是非常重要的，但是为什么不对你的故事做几次调整，让你的表演展示给我们你是怎样感觉的呢?

我曾经有过一位学生，她讲过一个糟糕的在线约会的故事。在故事开始的第一分钟里，她有一句话“所以我决定试试在线约会”。我问她对这有什么想法。她在网上搜寻一位伴侣是不是很兴奋？还是因为要在网上追求爱情而感到一点点失落？她说她最初尝试时的确是感到不高兴的。所以我让她只简单地用能表示她心情的语气说“在线约会”。在她的表演中，当她叹了一口气，并降低了声音说 “所以我决定去试试在线约会”时，她赢得了一阵大笑。

我把这种技术称作强调“产品词汇”。当你看到一条广告，通常演员会用不同于说广告词剩余部分的方法说出产品的名称，目的是为了强调它的重要性，并且让我们知道他 / 她有多喜欢它。例如，“这就是为什么我用……埃克塞德林止痛片”。

看看你故事中的产品词汇，它们是否是你喜欢的东西（比如，假日版锐滋花生酱糖）或你不喜欢的东西（比如，在线约会）。它不用真的是一个“产品”，只要是你对此有观点的东西就行。

把你的故事写下来的步骤

1. **序言：**开始你的故事。记住用“所以”或一个中心句来开始你的故事。在漫不经心地给朋友们讲故事时，没必要写一个你一百万年都不会说的浮夸的序言。故事开始时可以讲一些关于你的基本信息，而这些信息会与你要讲的故事相关。没必要把你的每件事都告诉我们；只要坚持讲在你真正进入故事之前对于我们了解这个故事必不可少的事情就行了。通常写一个自然段就可以结束。然而，无论你故事的中心意思是“恐高”或其他什么，你都可以用几个短小的趣事来举例说明，比如，“我这一生参加过好几次屋顶晚会，不过我都躲在了洗手间里。有一次我假装有荨麻疹而退出了教会组织的攀岩活动”。

2. **中心/“肉”：**这是你深入到某一具体事件的地方，而这个事件发生了变化或以某种方式影响了你。这部分会有冲突，无论是和自己还是和另一个人或另一股力量。这部分应该发展到一个高潮并达到某种冲突解决的部分。

3. **结局：**你不想以“然后我走向悬崖边……谢谢。

晚安”来结束你的故事。我们想知道后来发生了什么：“然后我走向悬崖边，展开我的翅膀，开始做以前的我绝不会做的事。我在做悬挂式滑翔！”于是我们想要一个冲突解决部分：“当风打在我脸上，我忘了我这辈子错过的所有事情。我已经准备好向前了。”记住，别告诉我们故事的寓意。别写出你所学到的东西。写结局的方法可以有如下几种：

· 只告诉我们接下来发生了什么：“在我明白前一切都结束了。我的脚碰到了地面，我直接走进了悬挂式滑翔服务处，去安排我的下一次冒险。”

· 以一个笑点结束：“我已经准备好前进了，直到我开始呕吐的那个瞬间。但是，嘿，至少我有三十秒表现得很酷。”

· 在你故事开始的地方结束。如果你不知道如何结束你的故事，回到开头，看看第一自然段通常会有用。也许那儿有一句话你可以重复并使你的故事回到原点。比如，“所以，几个星期之后，我收到了一个屋顶聚会的邀请，我连想都没想就兴奋地答应了。这次，我也许会走出洗手间，走上那个屋顶。”

4. 标签或附言（可选择）：一个标签只应该被用在你对故事里的事或人有一个自然的（不是被迫的或谷歌搜索来的）更新时。例如，“顺便说一句，我的生日是上周，我父母给了我一张二百美元的礼品卡。有没有人知道现在去玩一次悬挂式滑翔要多少钱？”或“我最近碰见了我的牧师——就是上次我参加攀岩活动骗他说我得了荨麻疹的那个牧师。当我看见他时，我问他：‘最近还会有教会组织的攀岩活动吗？我觉得我的荨麻疹终于好了。’

我说‘荨麻疹’的意思是我有严重的恐高症。他告诉我他会和我联系。”①

把你的故事大声地读出来，而不是让一位朋友看你写在纸上的故事，这对你来说很重要。你将来是要讲这个故事的，只有在你大声地读出来的时候，才能使故事中的趣事成为鲜活的东西。如果只是在纸上读，那么你的故事很可能不会产生预期的效果。

不要向太多人询问他们的见解，只问一两个人就够了。否则的话，你的脑子里就会塞满各式各样相互矛盾的观点，以致你开始怀疑你的整个故事。对于演员或演员的朋友来说，我喜欢用一个大头照的类比。当一个演员新照了几张职业照（“大头照”），通常他会问好几个朋友哪张最好。那个演员应该只问几个人，而且只问那些受过专门训练，知道什么是最好的职业照的人。演员经常错误地问他们认识的每个人的意见，甚至把所有的照片贴到社交媒体上，

① 我知道这很诱人，但是像我在第十一章里说过的，最好不要因为非要写一个附言而在谷歌上搜索某人。最好的故事发生在真实的生活中。如果你的真实生活没有更新，那就在结局中结束你的故事。

请他们一千来号所谓的亲密“朋友”来帮他挑选一张最好的照片。结果是每个人都会挑出各自喜欢的不一样的照片，而那位演员会对哪张是最好的没了主意，如果他/她最开始谁也没问，就不会比这更迷惑了。所以如果你要把你的作品展示给人看，一定要精简你的名单。并且一定要保证选择那些能给你诚实反馈的人，而不是只吹捧你并告诉你你有多棒（虽然那也很不错）的人。

从那些支持你的朋友身上可以得到的好东西：

1. 故事是不是很容易理解？你有没有因什么事而感到迷惑？
2. 你支持我吗？
3. 你能把我所有的角色都弄清楚吗？
4. 你搞清楚各部分之间的联系了吗？

当你写完你故事的第一份草稿之后，把它放下。
别编辑或评判它。相反，等一两天，然后再大声地读给一位朋友听。

在你收到一些意见之后，一定要做出必要的修改。然后再看看你的故事，识别出通用主题。把它写在你故事的开头，但是不要告诉任何人它是什么。

在你识别出通用主题之后，你会把你的故事分成可记忆的几大块儿。

所以如果你的故事写成时可能只有六个自然段，那当要把它分成可记忆的几大块儿时，它可以是十八个自然段。记住，除了你没人会看到这个故事，所以不用担心标点、语法和拼写是否正确。这些大块儿应该都被标为“在我故事的这部分，某事发生……”。

所以也许你的故事可以分成下面的一些形式：

1. 在我故事的这部分，我介绍自己和我恐高的毛病。

2. 在我故事的这部分，我具体举例说明我过去为了避开高处而采取的一些方法。

3. 在我故事的这部分，我开始和一个女孩约会，想给她留下好印象，然后详细地描述我多么喜欢她。

4. 在我故事的这部分，她邀请我去玩悬挂式滑翔。

……

你的通用主题就像你吹灭蜡烛时许的生日愿望——在你向朋友们宣布它是什么的时刻，它就不受人重视了。

一旦你把你的故事分成了这样的几大块儿，就划出那些产品词汇，然后在那页纸的空白处写下每一部分你需要想起的最重要的时刻。以这块故事为例："然后我走向悬崖边，展开我的翅膀，开始做以前的我绝不会去做的事。我在做悬挂式滑翔！当风打在我脸上，我忘了我这辈子错过的所有事情。我已经准备好向前了。"

在页面空白处，你可以写下这样的注释："走向边界"，"翅膀"，"打在脸上的风"，"向前"。

下一步，在笔记本上按顺序写下能快速帮你想起你的故事的词和词组等。根据你故事的长短，这应该要占一两页。我把它叫作"节奏表"，但你们当中是音乐家或单口喜剧演员的人可以把它想成"曲目"。

让我们回到悬挂式滑翔那个故事，你的节奏表看上去可以像这样：

· 恐高。
· 荨麻疹、屋顶、攀岩。
· 在萨拉的生日聚会上遇见她。
· 很酷的女孩——给她留下印象。
· 第三次约会——悬挂式滑翔。
· 内心独白——为什么我要取消。
· 如果我不去做悬挂式滑翔，害怕萨拉甩了我。
· 内心独白——萨拉就是那个人！
· 到达悬挂式滑翔的地点、装备。

- 爬上山顶。
- 内心独白——看着萨拉第一个跳。
- 犹豫要不要跳。
- 恐惧悬挂式滑翔——然后平静，风打在脸上。
- 着陆——萨拉吻了我。
- 归还装备——安排下一次滑翔。
- 偶然遇到屋顶聚会男孩———切都很好。

在你讲你的故事之前，复习一下你的节奏表，而不是你写下来的整篇故事。我坚定地认为不用一个字一个字地把故事背下来，但是相反，应该想着下一步发生了什么。因为你经历过这个故事，你肯定知道下一步发生了什么。因为使用了这个方法，我这么多年教过的学生几乎没有一个在台上忘了他们的故事。

所以，让我们复习一下这些步骤：

1. 一字一字地写下你故事的草稿。
2. 问一两个朋友的意见。
3. 修改。
4. 识别出通用主题，并把它写在前面。
5. 把故事分成几个可记忆的大块儿。
6. 划出产品词汇。
7. 在页面空白处写下要记住的事情。

8. 把那些事情进一步缩小到一张节奏表。

9. 让自己熟悉那张节奏表。

10. 准备上台表演！

所以，既然你已经经历了你的故事，把它写下来了，修改过了，并分成了几大块儿，在空白处写下了注释，写下了节奏表——你一定准备好上台表演了。简单复习一下你的节奏表，然后把它放下，准备去舞台、会议室、领奖台，无论什么地方，去表演！用这种方法准备的故事能使你看上去非常有吸引力，非常出色，就像你是当场想出这个令人难以置信的故事的。你以后每次讲这个故事时都不会有太大的变化。然而，你尽量不要离题或漫无边际地闲扯，只讲你需要讲的最重要的部分，别跑题，直到故事的结尾。

一个故事可能会在一开始没有产生预期的效果，这有很多原因：也许你的紧张妨碍了你；也许你为了不超时，所以匆匆忙忙地讲；也许你的故事需要再多做一点儿修改；也许对于那群人来说它不是一个好故事。这些原因中没有一个是你放弃的理由。每个人在某一时刻都可能失败。据说鲍勃·迪伦第一次上台摆弄电吉他就遭到了嘘声，因为他没有坚持用他常用的电子乐器。但是这个故事的其他版本宣称只有一半的观众嘘他，而另一半却为他叫好。所以我们可以放心地说他的事业继续下去了。

如果你的故事在第一次表演时进行得不顺利，不要把它扔了，而是在上面打上“**坏故事**”的标签。

我第一次表演我在第十四章提到的锐滋花生酱糖的故事是在一次综艺节目里。这次节目不是一个为讲故事举办的专门节目，但是我想他们会非常喜欢听故事。天哪，我错了。我的故事完全失败了。当我走下台，坐在我旁边的朋友对我说："不要因此而放弃，坚持做下去。"他能在我脸上看出我正在考虑另一条事业之路——那次就是这么糟糕。

几个星期之后，我去参加了一次飞蛾故事大奖赛，那次比赛的主题是"好吃的食物"。我以前准备了一个有关吃牛排噎着了，然后被一位海姆立克的远房亲戚用海姆立克疗法给救了的故事，就像我在第八章提到的那样。节目开始了，我把我的名字放进了帽子（这是一个有开放式麦克风的故事大奖赛，要从帽子里抽出十个人的名字来讲故事）。主持人开始讲了一个在饭馆被她的食物噎着、然后采取了海姆立克急救法的故事。人们非常喜欢这个故事！我能想到的就是："哦，我的上帝——我可不能被抽到！如果我被抽到了，我会在她讲完后讲她故事的另一个版本，那我就完了！"于是我绞尽脑汁，看我有没有另一个关于食物的故事符合这个主题。我能想到的就是那个锐滋花生酱糖的故事，它差点儿让我想要放弃讲故事了。不过，我又平静了下来，因为我已经参加这个比赛好多次了，但从来没有被抽中过。正当我这样想的时候，主持人念出了我的名字。

我没有别的办法，只好讲那个我已经标记为“最差”的故事了。

只是这次是在一个专门讲故事的节目上表演，有着不同的观众——一群兴奋得等着听有关食品故事的人——我的锐滋故事成功了。整个过程都笑声不断。我赢得了冠军，讲的就是那个在综艺节目里讲的一模一样的故事，但上次我失败了。后来国家公共广播电台的一个节目联系我，想让我在电台上讲这个故事。如果我第一次失败后就把这个故事扔了，我就不会知道它能获得如此成功。所以，给自己一次暂停，不要期待立刻获得完美的成功。

Q: 如果把台词、节奏表、笔记等这些东西带上台，你觉得怎么样?

A: 在我所做的讲故事节目里,我有个原则,那就是“没有笔记，没有台词”。我认为在看一个人讲故事而不是读故事时会觉得很神奇。不过，也有其他一些节目宁愿你逐字逐句地读你的故事，也有一些节目不介意你是否带了笔记上台。我喜欢只是在那里讲故事。我曾经把笔记带上台过吗？当然——特别是当有些事是全新的，或在我刚生完孩子的那几个月里上的节目（如果我有了另一个孩子，我会攒些钱去雇我一直听说的夜间保姆，以便我能睡一会儿觉，活得像个人样！）。

我是人，你也是。所以应该由你来决定是否要带笔记上台。但是当我的学生在课程结束后给观众展示他们的故事时，他们是不用笔记的，他们心神专注，完全记住了他们的故事，没有空白。他们要记住的一切就是接下来发生了什么，而不是下一行是什么。而且他们总是能记住接下来发生了什么，因为那是他们的生活，他们经历过。（看——现在知道为什么你的故事需要真实性是多么的重要了吧。）

Q: 我不想写任何事。我认为如果我只是去那儿讲我的故事，那会更好。你怎么看？

A: 抱歉，我不赞同。我说这话是根据我多年的教学和表演经验得来的——不要即兴表演。我曾经即兴表演过吗？当然，这儿那儿都有几次，但只是不多的不得已的几次，并且是在已经做了几年教学和成百上千场现场表演之后。而且我即兴讲的故事都比我准备好的故事效果要差得多。

我曾经有许多学生都和我争论过这个。但是我不是要求你把自己的故事全写下来。我在要求你写自己生活中一个真实的故事。

在我的班上，讲故事只需要五六分钟的时间，也就两页半纸，不是很多。我不是要你背下来，只是记住主要内容。如果你不把它写下来，你就不能提炼它。我曾经有一个学生做得很过分，甚至在我们为最后的课堂表演做准备的时候坚持不写。那是在我头两年的教学中，所以我告诉她，如果真的不想写，她也可以不用写。她可以只做一个即兴表演。现在，经过这么多年的教学，我会告诉她，如果她不把自己的故事写下来，那么她就不能参加最后的表演。

我真的很高兴我放任了她，因为那是一次很好的尝试。班上的其他人都经过了必要的步骤去准备他们的故事，所以他们的故事在表演时大放异彩。而当那个拒绝动笔的学生展示她的故事时，她超时了，没有真正的结尾，还有过几次不必要的离题，它——坦白地说——就是一场灾难。

这就是一个讲故事的新手只想即兴表演时会发生的事。它不会成功。

我曾经有一个可爱的学生，他是个演员。课后他对我说："在我的表演课上，我已经习惯了背词并且逐字逐句地自己念叨，所以我认为如果在准备表演时让我逐字逐句地把故事背下来，那对我来说可能更有效。可以吗？"我告诉他我不建议那么做，但是如果那样做能使他在台上更舒服，也可以。只要他准备好了，而且觉得有信心，我觉得他能做好。

在表演那天，这个学生讲了他的故事，并且引得大家哄堂大笑。他在正确的地方得到了笑声，吸引了观众的注意力，而且更重要的是，他表现得好像讲故事很有趣。表演结束后，我被整个经历折服，向他表示祝贺。这个学生没有听从我的建议，采用了他自己的方法，取得了成功。老师变成了学生。当我拥抱他时，他说："哦，顺便说一下，逐字逐句地背太费时间了。结果我用了节奏表的方法。"啊哈！老师还是老师！

当其他人祈祷的时候，
我讲述，然后保留它。
——斯波尔丁·格雷

Q: 那些用这种方法准备故事的学生得到了什么评价？

A: 好多我以前的学生用这种方法准备故事都在飞蛾故事大赛中获奖了。

有些还获得了飞蛾故事大赛总决赛的冠军（最近几次城市大赛的获奖者正要争夺一个大奖）。我自己在这些比赛中好几次都被我以前的学生打败。来自企业班的许多学生已经换用这种方式来准备他们的商业报告，并在他们的事业上取得了更大的成功。我以前的一些学生还被选去参加 TED 演讲，他们也用这种方法来准备。在提到我以前学生的成就时，我可以一直这样讲下去，我为他们感到骄傲，但是我应该停止这样过分夸赞他们。我想说的是，我决定写这本书来介绍这个方法是有理由的。所以相信我，试一试，它真的有用。

第十六章

讲故事的生意

命运的大门打开了。人们陷入其中。
也许工程专家将最终落得去
酿造苹果酒，不是因为他不得不做，
而是因为他发现它具有挑战性。谁知道呢？

——大卫·赛德里，《我所学到的》
刊登在《纽约人》上

事实上，讲故事能带给你什么生意机会真的不重要。重要的是分享你的真实故事。

如果分享那件事能给你带来某些令人兴奋的机会，我建议对这些吓着你的事说“是”。

灵活地处理你的计划，让它把你带到你想去的地方（记得吗，我大学刚毕业时曾想成为一名舞台演员），而且无论出现什么机会，都要心怀感恩。

这就是说，讲好故事显然在很多情形下都有用，比如做一次专业展示，一次婚礼上的发言，一份悼词，第一次约会，一次试镜或是一次工作面试。事实上，大多数注册参加我的讲故事课的人并不是有抱负的作家、演员或喜剧表演者，而是医生、律师、科学家、教师、网页开发者、饭馆老板，以及想更有效地推介自己产品的商业领袖。讲故事在商业领域非常重要。即使你没在做展示，为了在你的领域里取得成功，很好的人际关系也是非常宝贵的，而人际关系很大程度上通过……讲故事来促进！

人们常常谈论比尔·克林顿怎么能记住人们生活中具体的方方面面，甚至在他见过他们几年以后。他说过：“你好，苏珊。那些巧克力曲奇的新配方想出来了吗？”的确，这是克林顿的部分魅力所在，这帮助他成就了今天的自己。但是硬币的另一面是“苏珊”，可能她给克林顿讲了一个她多么喜欢烘焙的故事。故事比简单地陈述一个事实更令人记忆深刻。说到人际关系，除非你说了什么值得记住的事情，否则你会很容易被忘掉。

这种事不久前就在我的生活里发生了，当时我在一个大型电视演播室里参加一个大会。当执行主席提到她刚从非洲回来时，我们聊起了她参观祖先土地的经历。我告诉她，我儿子长得很大也很白，我想知道我们的祖先中是不是有一些维京人，我很好奇，以至于刚刚做了一个祖先 DNA 测试，正在等着出结果。一个月之后，当我被同一个电视演播室叫去参加第二次会议时，那个执行主席承认：“我叫你来的另一个原因是我想知道你的祖先测试结果。”[①]

在我教每个班的第一天，无论那个班满是二十二岁的作家还是四十五岁的广告经理，我总是在一开始就给他们布置同样的练习。

> **告诉我你身上一些奇怪的或有趣的或独特的东西。不是那些你只会讲给心理治疗师听的个人隐私，但是也不能太谨慎以致会让我们所有人感到无聊（比如，“有趣的事是我喜欢咖啡”）。试着找到处于两者之间的一些事，比如“我是同卵双胞胎中的一个”，“我去过所有的五十个州”，或者“我过去飚舞”。**

注意这些例子事实上都是一次交谈的开始。“哦，你

① 剧透警告：我不是一个维京人。

是同卵双胞胎中的一个。你们俩出生时隔了几分钟？谁先生出来的？你早出来四分钟，你有'年长'同胞的感觉吗？"通过告诉别人你个人的一件小事，你已经使自己值得被记住了。在任何生意里，值得记住就成功了一半。

如果你能用一种吸引人的方式谈论自己，你就会鹤立鸡群。

一旦你在人际关系中有了专属的趣事，我建议你再近一步，发展成专属的故事。只有你能评判哪个故事适合一个生意场合。相信我，在拥有信息这方面，我绝对是女王。

Q：为什么我需要为生意准备一个专用的故事？

A：因为它会使你更招人喜欢。

是这样的。我喜欢住在这样一个世界里，那里最有资格的候选人仅凭资历和成就就可以获得成功，但是那是不现实的。很多生意上的决定仅仅是因为做决策的人喜欢一个人胜过另一个人。特别是在雇人方面，决策者心想："我愿意一周花四十多个小时跟这个人在一起吗？"如果你能通过你的故事使他/她高兴或支持你，从而赢得一个新老板或一个潜在的客户或一个代理人等等，你将很有可能获得成功。

决策者通常选择他们自己喜欢的求职者。别放弃任何展现你个性的机会。

讲你的故事

你是怎么开始进入你现在的生意领域的？回想一下过去，它是怎么开始的，你又是怎么开始对它产生兴趣的。

你原本想做的是什么？有件有趣的事，在《这种美国生活》（*This American Life*）以“B 计划”作为标题的第 202 季里，主持人艾拉·格拉斯请了大约一百个人回想他们是什么时候成年的。那时的他们认为自己的生活将会怎么样？他们那时的 A 计划是什么？于是我问他们，好吧，你们当中有多少人还在执行 A 计划？一百人当中只有一个人举起了她的手。

只有一个人，是屋里最年轻的那个人，只有二十三岁。屋里其他人都选择了 B 计划吗？那 C 计划、D 计划、F 计划呢？

你在努力获取你今天拥有的成果时有没有遇到任何障碍呢？

在那个促使你去做你现在做的事情的领域里，一个具体的成功故事是什么？一个真的影响了你的顾客？一个小企业，你能为之提供贷款？还是一个家庭，你能为他们找到一个完美的家？

在与新人进行生意会面时，你可能会问："你是怎么进入这个领域的？"这是再普通不过的问题了，而且大多数人都会直接回答，比如，"我的专业是文学，所以在图书馆工作顺理成章"。为什么不想一个把你带到今天这个位置的有趣的事呢？这能成为你的"由来故事"。

承认一路走来的奋斗在生意场上通常没问题，特别是如果你的趣事反映了一个令人钦佩的个性特征。战胜困难的故事只会使人们更想和你一起工作。有一种看法认为，那些什么都为他准备好了的人没有那些靠自己奋斗达到顶峰的人工作努力。①

最近，我让一个学生讲一个令人捧腹的由来故事，关于她是怎么成为一名媒体经理的。她原来学的专业是司法心理学，认为自己将会像《沉默的羔羊》（*The Silence of the Lambs*）里面的克拉丽丝·史黛琳。然而，在她被安排

① 事实上，我在大学时，有一种谣传，说茱莉亚音乐学院的毕业生在真的试镜时，会被选角导演故意忽视，仅仅是要给他们一剂现实的猛药。

到一所青少年拘留中心工作后，她很快发现自己不喜欢在这个领域工作。用她自己逗人的话说："我发现自己不喜欢帮助别人解决他们的问题。"于是她试着做了一段时间的临时工，最后有一家愿意请她做全职工作的公司给她安排了一份长期工作。当他们给她提供那份工作时，她问未来的新老板："你们到底在这儿做什么？"原来这几个月她基本上什么也没做，而且她的临时雇主也从来没有解释给她安排的工作是什么。她接受了那份引导她进入媒体和广告业的工作。"但是别担心，"她说，"我每天都在用我的司法心理学学位应付我的客户。"你看到了吧，有些人只会说"我在一家广告公司做了一段时间的临时工然后转成了全职"，而这位广告经理比他们更令人印象深刻吧。

为了让你更好地熟悉我正在谈论的聪明、有趣的由来故事，我打算再次把你引向《创智赢家》。片尾的演职员表介绍了那些"鲨鱼"并且简单地讲述了他们是怎么成功的。例如，"芭芭拉·科科伦把一个一千美金的贷款变成了五十亿美元的房地产帝国"。另外，那些鲨鱼经常谈论自己的故事，作为一个与企业家建立关系的方法。马克·库班提到自己曾经做过上门推销的推销员。罗伯特·赫贾维奇谈到了他父亲是移民，曾在一家工厂工作过。这些成功的生意人在谈到自己的奋斗史时非常坦率，给我们提供了更有深意的节目。

找到共同的基础

在商业会议或面试之前，最好研究一下你要见的人，看看你们是否有共同点，如果能就你们的共同点讲个故事那就更好了。我曾经在见一位电视制作人之前对他做了一番研究，发现他是益智问答节目的爱好者，还参加过这类比赛节目。我也喜欢益智问答节目，也参加过类似的比赛，所以我马上通过这些事跟他建立了关系。

后来，当那位制片人翻看候选人的简历时，他就不会奇怪，“这个人又出现了，他是谁？”。他反而会说：“哦，是的，这个人在一次酒吧的益智问答之夜遇见了她丈夫，而且还上过《价格猜猜猜》节目。”有时候，一点点小事就能让你引人注目。

如果你害羞该怎么办

如果在一个商业场合讲自己的故事会让你特别紧张，试着变换一下，让别人讲故事。这可能会把你放在一个能创造一次自然交谈，从而建立一个长期联系的位置上。这是一个非常有趣的练习方法。你在剪头发时，别只是坐在那儿玩你的智能手机，和你的理发师交流。我曾问过一位理发师她在那个美发厅工作多长时间了。"二十年了。"她告诉我。我说在同一地方干二十年可是相当长的时间了。她说："哦，他们永远都不会解雇我。"于是她讲了一个催人泪下的故事。一天，她给一位女士做了一个新发型，并且决定给她化化妆，反正美发厅也不忙。当她让那位女士转过来看看自己的时候，那位女士高兴得大叫："我从来不知道我可以看上去这么漂亮。"第二天，那位女士打电话给美发厅的老板，感谢他的理发师拯救了她的生活。原来那位女士一直在考虑自杀，但是那位理发师提醒她注意到了自己内在的美，于是她改变了主意。

每个人都有一个故事。
放下你的手机！
与别人建立关系。
每个你见到的人都能
给你提供一个机会，
了解你不曾了解的世界。

灭鼠人、顾客、侍者、空乘人员和警察——基本上每个有工作的人都有他们在工作地点遇到的最极端情况的故事。下一次当你发现在和一位提供服务的人员进行接触时，试着从他们那里得到一个故事，这样你就可以把你的技术应用到实践中去。他们也许还能教给你遭遇困境时如何应对的一两个方法。

能鼓励人们讲故事的问题：

· 你在这里工作多长时间了？你喜欢这份工作吗？是什么让你喜欢它？

· 做这份工作之前你做什么？

· 是什么使你成为一位 ________ ？

· 你工作中发生过的最奇怪的事是什么？

· 发生在你身上的最好的事是什么？或你在工作中见过的最好的事是什么？

在商业展示会上讲故事

我们都知道在展示会上我们的勇气能让自己占据上风。你可以在展示会之前尽量找一个方法放松下来并把注意力放在自己身上。我不建议你直到展示前的最后一分钟还在复习笔记。相反，早点儿做准备，然后放下笔记，做几下深呼吸。

我总是对学生说："你笔记里的所有东西都已经在你的大脑里了。在最后一分钟还往里塞东西只会使你注意力不够专注。"另外，在你讲话前，做一次深呼吸。

如果你在 YouTube 上看过我的故事，你就会看见我在上台开始表演之前总会做一次看得见、听得到的深呼吸。相信我——它很管用!

我们当中的许多人都看过《广告狂人》，剧中唐·德雷柏和他的公司就用一个私人故事争取过一位客户，而且争取了无数次。那位客户就是不确定，于是唐说了这样的话："我还是个小男孩儿的时候，我想和当地的小孩儿一起打棒球，但我的钱不够买一副棒球手套。所以我摆了个摊儿卖柠檬水来攒钱。结果我用了三个星期攒够了钱，并花了五美元十美分给自己买了一副棒球手套。我带着手套去了棒球场；那个夏天的每一天我们都在街上打棒球。那是我生命中最美好的一个夏天。现在，不管什么时候喝美汁源柠檬水，我都会想起童年时的那些夏天，它们好像永远不会结束。"

于是，砰！客户被说服了。

你可以把你的个人故事融进几乎所有的专业展示中。如果你认为唐·德雷柏是个特例，那就再想想看。随便看看什么烹调节目，你会注意到在展示的过程中，像吉娅达·德·劳伦蒂斯和艾美里尔·拉加西这样的明星主厨总是在讲他们的个人故事，像"每次我放学回家饿了的时候，我都会吃鸡肉馅饼。我知道大多数人都有鸡汤，但在我家里，我们有鸡肉馅饼。我甚至有几次装病就是为了吃鸡肉馅饼。现在我总是做鸡肉馅饼，无论我感觉怎么样”。

想象一下，如果同样的烹调展示只是简单地告诉我们烹调步骤，那么烹调间隙的气氛会非常沉闷。你会马上换台的。事实上，一旦你意识到这个窍门，你会注意到从医生到教师，几乎每个人都在用自己的故事在他们的陈述里证明一个观点。

在你开始进入展示的主要部分之前，
一个私人故事能使
观众赞成你的观点。

如果不讲你的私人故事，你也可以讲一个关于产品或公司的故事。有许多企业都有关于他们的由来的故事。两个童年的伙伴成立了本 & 杰里冰淇淋公司。我们都知道脸书是由一个叫马克·扎克伯格的年轻哈佛大学生退学后创办的（关于那家公司的由来的故事非常有趣，以至于被拍成了电影）。我们都把肯德基与桑德斯上校联系起来，他在六十五岁时创立了这个全球帝国，而当时他还得靠一百零五美元的社会保障金生活。不光是他们的企业——我们还把他们的外貌和故事与他们联系起来。

这些企业的所有者——佛蒙特州的嬉皮士、一个退学的大学生、一个奋斗着的退休人士——都是不同程度上的失败者，却都将他们公司的由来的故事讲给公众听，并为此获得了巨大的利益。从某种程度上说，我们买的每一品脱冰淇淋、我们“喜欢”的每个帖子、我们吃的每一块炸鸡，都让我们像是感觉到了一个失败者获得成功的一部分。

如果你打算为一个相亲网站提供一款新的软件，为什么不提醒大家网站最开始是为什么建立的呢？那些创建者在爱情上是幸运的还是不幸的？是不是这个启发他们创建了自己的公司呢？如果你已经发明了一个帮助那些企业的工具，在进入你的技术展示之前，有没有一个具体的成功案例是你可以与你的委托人分享的？你如何能使它更私人化？例如，“这个新功能非常简单，连我妈妈都会用——可她到现在还没有琢磨出如何使用她的数字视频录像机。那天她还问我从哪儿把录像带放进数字视频录像机里。真的，甚至连她都会用它”。现在你的委托人对你有一些了解了，希望他们和你产生共鸣，然后他们可能就更专注于你剩下的展示了。

如果你没有关于具体产品的故事，那就想想你为什么没有呢？你一直在忙于这项产品吗？你自己在生活中使用它吗？我经常说要“为故事而活”，所以，如果你没有关于你销售的东西的故事或回忆，为什么不主动创造一个？或者从你的客户那儿挖掘出一些故事来。

> 如果你要去尝试，就一直走下去。否则就不要开始。这会意味着失去女朋友、妻子、亲戚，甚至你的理智。而且，尽管会遭到拒绝和遇到最坏的可能性，你还是会去做。这比你想象的任何事都好。
>
> 如果你要去尝试，就要一直走下去。没有别的感觉能像它一样。你会独自一人面对神灵，夜晚将燃起火焰。你将使自己的生活完美而充满欢笑。这是世界上存在的唯一精彩的搏斗。
>
> ——查尔斯·布可夫斯基，
> 《勤杂工》[1]

一个好故事能把你带向何方，是个人的还是职业的，这没有限制。

你甚至能把讲故事的实际技艺转换成一种事业。然而，就像你狂热地进行任何艺术尝试一样，你必须明白这是要花时间的，并且你可能没有走在你希望走的那条路上。

“要一直走下去”，这并不意味着你必须辞掉工作，没办法付你的账单，除了你的技艺你的生活中没有其他任

① 正是这本小说启发了我，使我全身心地投入到写作和讲故事当中。这是本引人入胜的书，我可以整天引用它。

何东西。布可夫斯基的想法是浪漫的，并且根据我所读的有关他生活的文章，也是真实的，但这是现代社会，每个人都有不同的责任。我的解读是要对你爱的东西做出承诺，并且要尽你所能去做，即使这里说的“尽你所能去做”只是在每天上下班的路上听播客来学习讲故事。在这条成为伟大的讲故事人的路上可能会有挫折①，但是获得的回报将是无穷无尽的。

哈佛大学的本科生相信
发明一份工作比找到一份工作更好。

——劳伦斯·萨默斯
在《社交网络》里
对温克沃斯兄弟说的

我大学毕业时，我甚至不知道讲故事可以是一份工作。所以，你真幸运！你比我刚开始的时候领先了好几步。你不仅知道它是“一份工作”，你还读了一本有关的书，你

① 记住，在第一次讲我的锐滋糖的故事失败后我差点儿放弃，但后来我却靠它获得了大奖。

还可以在网上或通过播客看到讲故事的直播，如果你住在某个地方，你甚至还能看到现场讲故事的表演，并且自己也可以试一试。

讲故事现在是如此流行以至于你有了现成的观众。相信我，你比我开始讲故事时所拥有的资源不知要多多少。现在是你开启讲故事历程的最好时机。所以……这儿有一些你能从事这项技艺的方法，甚至有可能把它铸成货币哟。

1. 创办你自己的讲故事节目。

你居住的城市或乡镇有没有讲故事之夜呢？如果没有，为什么不创办一个？你可以和剧院就门票收入进行分成，因此你也可以挣到钱了。如果你住的地方已经有了一个讲故事之夜，很好！那就说明有需求。给他们一点儿竞争。

刚开始，你需要一个名字，也许是一个专门的名字。如果你给它取一个比简单的故事更好的名字，那么就很容易开拓市场。例如，我以前的学生创办了一个叫作“故事对撞机”的节目，特点是专讲与科学有关的故事。

现在它成了在播客、杂志和全球巡演的节目①。所以想想你喜欢听哪方面的故事，并由此创办一个自己的节目。

① 顺便说一句，这些讲故事的人获得了惊人的奖项，并登上了杂志，其中有两人是腼腆的物理学家。

2. 试着把你写下来的故事出版。

当然，为舞台写故事和写书还是有很多不同的，但是你刚刚从阅读这本书中学到的方法将使你超越那些空洞地盯着他们笔记本电脑屏幕的人。我有许多学生在《洛杉矶时报》《纽约新闻》《魅力杂志》等多处发表了他们的故事。你不会成为百万富翁——但是你可以挣一点儿钱，而且你将为自己未来更多的演出建立自己的平台。

3. 把你的回忆录写下来并努力将它出版。

我知道这说起来容易做起来难，但是我有几个只争朝夕的学生真的把他们的书卖掉了。这些书包括了他们在课堂上讲的真实的故事。给你一条建议：最好弄清楚你生活中至关重要的主题（“你生活中的故事”），并且把这些故事分成不同的组，放在不同的标题下，这有利于出售。《雅各布关于醉酒大学的故事书》就比《雅各布的生活》好卖。例如，我以前的学生塞莱娜·科波克就能把她的故事归纳成一个白肤金发碧眼的女人的生活，并且把她的书《金发女郎的新规则：金发生活的光环》卖给了哈珀·柯林斯出版集团。这是可能的！

4. 开创一个播客。

是的，已经有了很多讲故事的播客了，但是那并不意味着你不能把你独特的故事放在里面。就像做一个现场表演，试着为你的播客找到一个主题。这是一个已经过度饱和的市场了，所以你真的得脱颖而出。想想你想听什么类型的故事，那就是你的答案。而且你可以扩展到现场巡回演出或者签订一份发行合同。随着这个对故事非常友好的形势不断发展，你的前途不可限量。

5. 把你的故事连接起来形成一个单人表演。

再说一遍，找到一个对你的故事来说至关重要的主题把这些故事串连起来，这是非常有帮助的。你可以和剧院就门票收入进行分成，也可以带着你的节目进行巡演。

6. 做一次公众巡回演讲旅行来讲你的故事。

大学、会议、服务社、商业网络化团体——你说吧，他们什么都有！许多公司和组织都很青睐那些能坦陈他们自己生活的公共演讲者。我记得上大学时去看过好多人的演讲，从《真实世界》的前剧组成员到女性主义活动家，什么样的人都有。

我以前有一位了不起的学生，凯特琳·布罗德尼克，现在是一个非常受欢迎的关于预防性乳腺癌手术的公共演讲者。

有一个节目被取消了，那感觉就像
“哦，你牙缝里有鱼子酱。”
你知道我是什么意思吗？
因为你当初也有一个节目。

——乔纳森·艾梅斯，
作家，关于他的
HBO 的节目《无聊到死》
被取消的事

我十分认同上面我引用的乔纳森·艾梅斯的话。获得任何讲故事的机会都是个荣幸。我总是告诉我的学生：“在舞台上你想怎么表演就怎么表演！单单这个城市就有成百上千的人想为这五分钟的舞台机会而竭尽全力。”

讲故事首先是一种艺术形式。然后，你可以把它转化为一种生意，如果那是你想要的。但是最重要的是应该为了快乐去讲故事，而不是为了得到金钱和事业。老实说，在我还是一位女服务员，吃力不讨好地做着谋生的工作，擦着黏糊糊的桌子的那段时间，当我看着一辆车开过，后保险杠上的贴纸写着“如果不快乐，为什么还要做呢？”，我真的很生气。我会对自己说：“我们中的一些人不得不做一些不快乐的事来付我们的账单。”

讲故事
不是一个
快速致富
的方法

每当我填一份冗长的医疗表格或等待斯普林特[①]客服接听我电话的时候，我就想起艾梅斯的这句话。我真想撕了那张医疗表格或挂断斯普林特的电话，然后离开，“没意思！我不是非得做这件事！”

但是我相信“如果不快乐，为什么还要做呢？”这句话完全适用于讲故事。如果一位讲故事的人不再觉得讲故事有意思，而陷入了一种怪圈——要赢得比赛或寻找讲故事能给他们带来的机会，那就没有了乐趣，看这个人的表演也就失去了快乐。

我见过这种事发生，甚至差点儿就发生在我身上。城里有一个传说，说在飞蛾故事比赛中第一个出场的选手会受到诅咒。那人通常会得到一个很低的分数，从来不会赢。当然事实并不总是真的如此——确实有例外——但是我这样的事的确发生过多次。你还不知道吧，我在洛杉矶第一次参加飞蛾故事大赛总决赛的时候，就被选中第一个出场。我非常生气，因为我知道那意味着我不会赢了。我怒气冲冲地上了台，根本忘了任何灵活变通的手段。我的表演完全缺少趣

① 斯普林特（Sprint）公司是美国第三大移动运营商，也是一家全球性的通信公司，在超过 100 个国家及地区为 2600 多万个商业与住宅客户提供服务。——译者注

味，我得到了自己有史以来最低的分数，过后我真的沮丧极了。但黑暗中总有一线光明。那晚我以前的一位学生赢了，这是让人高兴的事，我也觉得得到了回报。但是那晚之后，我真的得退后一步，想想我为什么那么做。是的，讲故事给我带来了很多机会，赢得比赛也很好，但是只有这些是重要的吗？我难道不应该觉得在舞台上很快乐吗？即使最后没有得奖？

如果不快乐，

为什么还要做呢？

——杰瑞·葛林菲尔德，

本 & 杰里冰淇淋公司的共同创始人

那次表演就像是一次叫醒服务。我没有赢得洛杉矶飞蛾故事大赛总决赛的大奖（我又花了几年时间才在纽约赢得了这个大奖），那没关系。我已经能在众多节目和播客中讲故事，并且我可以有把握地说，即使我的故事都失败了，我仍旧很快乐。最近，我有幸七天内在六场不同的讲故事节目里表演，而且我觉得上每场节目对我来说都是一份荣幸。甚至在表演当中我的下巴开始流血，我也不觉得有什么。那天上午我刚刚去除了一个黑痣，在上台前的最后一分钟我决定取下绷带。我觉得那条绷带会“让人分心”。但是没有什么比我脸上滴下来的血更令人分心的了，而那时我正要讲一个我做代课教师的日子里发生的可笑故事。

让我再次提醒你：“生活中的大多数事件都可以分成两类：一段好时光，或一个好故事。”

致谢

我要特别感谢我以前所有的学生，他们激励我把我的课程写成了书。感谢铸造文学 + 媒体（Foundry Literary + Media）的一位积极活跃的作品经纪人布兰迪·鲍尔斯；感谢 ICM[1] 我的不好对付的电视文学经纪人艾娃·格林菲尔德；感谢雷恩管理集团（Rain Management Group）的凯文·帕克给我最新添加的内容。我还要非常感谢大足野人图书（Sasquatch Books）的编辑汉娜·埃尔南，她引导我把

① ICM 是 International Creative Management Partner （国际创意管理公司）的缩写。ICM 是一家致力于发现人才，并为他们提供全方位服务的代理公司，服务领域涉及动漫、电视、音乐、出版、现场演出和新媒体。该公司在美国洛杉矶、纽约和华盛顿特区及英国伦敦都有办事处。——译者注

我原来出书的主意变成了这个有更多趣味的版本。感谢贝基·多诺霍很久以前建议我开始授课。感谢你来纽约的正直公民旅培训中心主持我的课堂，并帮助我创建和发展了我的事业。感谢位于纽约和洛杉矶的优势麦肯公司(Universal McCann ）那些勇敢的创意性思维思想家，因为他们看到了讲故事可以给企业界带来多大的利益，并感谢你们这么多年邀请我做你们公司的嘉宾。特别感谢纽约的卡沙·凯西，是她最初非常有创意地把讲故事带进了公司，还有洛杉矶的埃德加·李和卡伦·亨特，他们在我新建立的总部勤奋地开展研讨班的工作。感谢我在洛杉矶讲课的场所，洛杉矶正直公民旅剧院的约翰尼·米克斯和洛杉矶西艾欧剧院的乔治·麦考利夫。非常感谢安德里·亚吉布斯和凯瑞·奥沙利文给我创造机会，使我能到珀斯教授这门艺术形式，帮助“露骨的故事”这个组织打下基础，也使自己受到了澳大利亚文化的启发。特别感谢伊琳·麦高恩在这个项目上的多方协助，感谢纳迪亚·巴斯克斯设计的网页，明迪·塔克拍摄的美丽的照片，迈克尔·罗宾森在发型和化妆上令人难以置信的天赋。非常感谢安伯·艾尔利在公关部给予的帮助，艾玛·瑞在编辑部分，卡洛琳·格里克在过去几年慷慨地主持了我的私人课程。感谢迈克·斯蒂尔在位于洛杉矶的加州大学伯克利分校剧院对我现场故事会的支持，使之成为伯克利分校校历上的一部分。感谢约耳·琼斯让我在这本书里提及他深刻的个人故事。另外，还要感谢德鲁·科恩、纳撒尼尔·可可贝茨、丹妮尔·佩雷斯、茱莉亚·罗兹、布莱恩·芬克尔斯坦和布莱恩·纽方让我在这本书里使用他们故事的趣闻逸事作为授课范例。感谢洛杉矶的企业阿特沃特村的乡村面包房和咖啡馆以及卢斯费利斯的H咖啡馆，慷慨地让我坐好几个小时写这本书。

非常感谢金索尔瑜伽教我平静和冥想的艺术，在我写作这本书的整个过程中给我提供了很大的帮助。没有比创作我第一本书的过程更令我恐惧的时刻了！感谢我父母和哥哥鼓励我以我自己的步调找到自己奇怪的道路。最后，感谢我的丈夫和儿子在共同的生活大冒险里激发了很多伟大的故事。

出 品 人：许　永
责任编辑：许宗华
特邀编辑：何青泓
装帧设计：李双鑫
印制总监：蒋　波
发行总监：田峰峥
投稿信箱：cmsdbj@163.com
发　　行：北京创美汇品图书有限公司
发行热线：010-59799930